なにわの事もゆめの又ゆめ

大坂城・豊臣秀吉・大坂の陣・真田幸村

北川央 著

関西大学出版部

目次

第1章　豊臣秀吉と大坂城　1

第4章 大阪城の石垣と建造物 127

第5章 大坂城の怪談 147

第1章

豊臣秀吉と大坂城

大坂御坊の建立と「石山」伝説

「大坂冬の陣　難攻不落の堀障子　大坂城三の丸の堀発掘」
「『難攻不落』秀吉夢のあと　大坂城三の丸　全長一六〇メートル巨大『障子堀』」

平成十五年（二〇〇三）十二月十一日、新聞各紙に大きな見出しが踊った。大阪府警本部の新庁舎建設工事にともなう発掘調査の成果を報じたもので、二日後の十三日に行われた現地説明会には熱心な見学者が多数詰めかけ、たいそうな賑いを見せた。新たに見つかった堀を「三の丸の堀」とする評価の是非はともかく、今回の発掘により、大阪府警本部の建つあたりは、秀吉の築き上げた大坂城内に位置することが、あらためて強く印象付けられた。

大坂城というと、誰しもがまず豊臣秀吉の名前を頭に思い浮かべる。それほど、大坂城は秀吉の天下統一事業と関連づけて語られてきた。秀吉による築城自体は、天正十一年（一五八三）九月一日に始まるが、実はそれ以前にも既に大坂城は現在地にあり、「大

蓮如上人画像（模）
大阪城天守閣蔵

坂城」と呼ばれる前にもたいへん豊かな歴史が存在した。まずは、大坂城の直接のルーツともいうべき、蓮《れん》如上人《にょしょうにん》による大坂御坊の建立について記すことから始めたい。

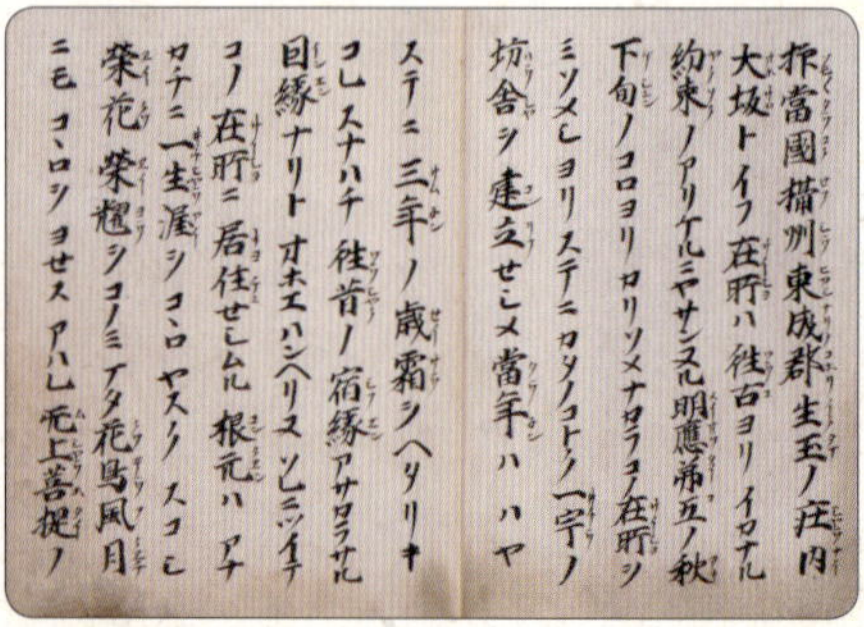

抑當國攝州東成郡生玉ノ庄内
大坂トイフ在所ハ往古ヨリイカナル
約束ノアリケルニヤサンヌル明應第五ノ秋
下旬ノコロヨリカリソメナカラコノ在所ヲ
ミソメシヨリステニカタノコトク一宇ノ
坊舎ヲ建立セシメ當年ハハヤ
ステニ三年ノ歳霜ヲヘタリキ
コレスナハチ往昔ノ宿縁アサカラサル
因縁ナリトオホエハンヘリヌソレニツイテ
コノ在所ニ居住セシムル根元ハアナ
カチニ一生涯ヲコヽロヤスク スコシ
栄花栄耀ヲコノミ又花鳥風月
ニモコヽロヨセス アハレ无上菩提ノ

「御文章」大阪城天守閣蔵
蓮如上人による大坂御坊の建立が記される

大坂御坊の建立

蓮如上人（一四一五〜九九）は浄土真宗本願寺の八世で、宗祖・親鸞《しんらん》の直系でありながらたいへん衰微し、同じ浄土真宗の中でも、高田派や仏光寺派など、他派に大きく水をあけられる形になっていた本願寺派を一気に隆盛に導き、我が国有数の大教団へと発展させた。

蓮如上人は、各地の門徒（信者）たちに宛てて盛んに手紙を出し、浄土真宗の教えをわかりやすく説いた。これらの手紙をまとめて御文章《ごぶんしょう》（御文《おふみ》）と呼ぶが、その一つに、抑《そもそも》当国摂州東成郡生玉之庄内、大坂トイフ在所ハ、往古ヨリイカナル《（如何）》約束ノアリケルニヤ、去《さん》ヌル明応第五ノ秋下旬之比《ころ》ヨリ、カリソメ《（仮初め）》ナガラコノ在所ヲミソメシ《（見初め）》ヨリ、スデニ《（既）》カタ《（形）》ノゴトク《（如）》一宇ノ坊舎ヲ建立セシメ、当年ハ、ハヤ《（早）》スデニ《（既）》三年ノ歳《せい》霜《そう》ヲヘ《（経）》タリキ

という一節が記されている。

当時、本願寺の本山そのものは京都・山科にあったが、蓮如上人は明応五年（一四九六）秋の下旬から、摂津国東成郡生玉庄の中の「大坂」という在所に一宇《いちう》の堂舎を建て始め、今年で既に三年の月日が経過したというのである。これが本願寺の大坂御坊と呼ばれるもので、先の一節は「大坂（大阪）」という地名が初めて文献上にあらわれる史料としてもよく知られている。

「石山」伝説

蓮如上人の建てた大坂御坊の御堂は、おそらく現在の大阪城本丸にあったものと推測されるが、蓮如上人自身が「往古ヨリイカナル約束ノアリケルニヤ」と語っているよう

錦絵『浪花百景』の内「森の宮蓮如松」（一養斎芳瀧画）

大阪城天守閣蔵

森之宮神社境内の蓮如松は、明治時代の中頃には既に枯れてしまったと伝えられる

錦絵『石山大軍記』第一号「蓮如上人石山御堂草創シ玉フ」（山崎年信画）

大阪城天守閣蔵

蓮如上人が大坂を訪れた際、どこからともなく天童があらわれ、ここに坊舎を建てて念仏をひろめるよう勧めたという

に、大坂御坊の建設に関しては、不思議な出来事があったという。

蓮如上人の孫にあたる顕誓《けんせい》の著した『反故《ほご》裏書《うらがき》』によると、上人が御堂を建てようとしたところ、まるでここに建ててくださいとばかりに、地中から多くの礎石が出現したというのである。

現在では、こんにちの大阪城の地が、古代の難波宮跡と重なりあうことがわかっており、おそらく難波宮にかかわる礎石が出てきたのであろうという見方が有力であるが、そうしたことを知らない蓮如上人ら当時の本願寺関係者は、これを前世からの宿縁と理解した。

蓮如上人は本願寺七世・存如《ぞんにょ》上人の長男であったが、彼の生母は存如上人の正室ではなく、本願寺に仕える身分の低い女性であった。

蓮如上人の十男である実悟《じつご》の著した『拾塵記《しゅうじんき》』によれば、彼女は、いつまでも自分が側近くにいたのでは我が子の将来に差し障《さわ》ると考え、蓮如上人がいまだ六歳の応永二十七年（一四二〇）十二月二十八日に、誰にも告げることなく忽然《こつぜん》と本願寺から姿を消した。ところが、そのとき彼女の持ち出した蓮如上人の肖像画（鹿《か》の子御影《このごえい》）が、ある日近江・石山寺の秘仏本尊を納める厨子にかけられているのが発見されたという。以来、蓮如上人を生んだ女性は、実は石山寺の本尊如意輪観音の化身だったのだという伝説が実《まこと》しやかに語られるようになった。

あらかじめ礎石がたくさん埋められていた山（台地）ということで「石山」、蓮如上人の母が石山寺の本尊であったということで「石山」――当時は「大坂御坊」としか呼ばれなかった寺院が、二つの「石山」伝承によって、後世になって「石山御坊」と呼ばれるようになった。

江戸時代には、大手門から土橋を下った左手に、大坂本願寺の台所の井戸であったと伝える「蓮如井」があり、森之宮神社境内には、蓮如上人が宗門の繁栄を祈願したという「蓮如松」があった。現在それらは既になくなってしまったが、二の丸東南部に「蓮如上人袈裟懸《けさがけ》の松」と伝える枯れた巨木の根が残され、脇には「南無阿弥陀仏」の大きな名号碑《みょうごうひ》も建てられて、蓮如上人と大阪城との関係を伝えている。

大坂本願寺の成立と繁栄

大坂（石山）御坊の草創から二年余りを経た明応八年（一四九九）二月、体調を崩し重体に陥った蓮如上人は、周囲の人々に大坂での示寂《じじゃく》を告げたが、急遽予定を変更して同月二十日に山科に移り、山科本願寺に隣接する隠居所の南殿で、三月二十五日、八十五年の生涯を閉じた。

大坂本願寺の成立

さて、山科本願寺は浄土真宗本願寺派の本山として隆盛を極めたが、天文元年（一五三二）八月二十四日、南近江の守護（戦国）大名六角《ろっかく》

蓮如上人御廟
京都・山科にある

錦絵『石山大軍記』第二号
（山崎年信画）　大阪城天守閣蔵
山科本願寺焼き討ちから辛くも難を逃れた証如上人を描く

定頼《さだより》の軍勢と法華宗徒らの攻撃を受け、豪壮な大伽藍《だいがらん》も、繁栄を誇った寺内町《じないまち》も悉《ことごと》く焼亡してしまった。蓮如上人の曽孫にあたる本願寺十世の証如《しょうにょ》上人（一五一六～五四）は大坂御坊に難を逃れ、翌年七月二十五日、灰燼《かいじん》に帰した山科本願寺にかわって大坂御坊が本願寺派の本山となる。これ以降、大坂御坊は大坂本願寺と呼ばれるようになるのである。

浄土真宗では、数ある仏尊の中で阿弥陀如来を唯一の信仰対象とし、それに対してただひたすら念仏を唱えることを説く。これを「専修念仏《せんじゅねんぶつ》」というが、現在京都市内にある東・西両本願寺を訪れ、実際に門を潜ってみると、目の前に二つの巨大な御堂《みどう》が並び建つ。ただ一つ、阿弥陀如来だけが信仰の対象であることを知る人なら、二つの御堂が存在することを奇異に感ずるはずであるが、実は両御堂の内、少し小さめの方が、本尊阿弥陀如来をお祀《まつ》りする本堂（阿弥陀堂）であるから、なおさら驚かざるを得ない。

では、より大きな御堂の方は何かというと、こちらは「御影堂《ごえいどう》」と呼ばれ、浄土真宗の開祖・親鸞聖人《しんらんしょうにん》（一一七三～一二六二）の影像《えいぞう》（肖像彫刻）を安置している。本願寺がこうした伽藍配置をとるのは、そもそも本願寺が親鸞聖人の廟堂《びょうどう》として建てられたことによる。そして、親鸞聖人の影像こそが本願寺本山としての象徴であった。

阿弥陀如来立像
大阪城天守閣蔵
顕如上人の持仏であったと伝えられる

　山科本願寺焼亡の際、この影像は持ち出されて辛くも焼失を免れ、天文二年七月二十五日になって、ようやく大坂御坊に運び込まれ、安置された。これより、正式に大坂御坊が本願寺派の本山として認められることになったのである。

その繁栄

　それから間もない天文五年（一五三六）の段階で、大坂本願寺の周囲には、はやくも北町・北町屋・西町・南町屋・清水町・新屋敷という六町で構成される寺内町の存在が確認でき、さらにそれらを親町《おやまち》として檜物屋町・青屋町・横町・中丁といった枝町《えだまち》も誕生した。

十一世顕如《けんにょ》上人（一五四三〜九二）の代、永禄二年（一五五九）には、本願寺は寺院として最高の格式である門跡《もんぜき》に列せられた。その頃の本願寺の様子については、イエズス会の宣教師ガスパル・ヴィレラが、一五六一年八月十七日（永禄四年六月二十六日）付で、堺からインドに滞在中の同志に送った手紙の中で、次のように述べている。

人々は彼（顕如上人）を大いに崇敬しているので、彼を目にするだけで多くの涙を流し、自分たちの罪を免じてくれるように請う。また、諸人が彼に与える金銭が甚《はなは》だ多いので、日本の富の大部分はこの仏僧のもとにある。

毎年、彼のためにいとも盛大な儀式を行なうが、（その際には）寺院に入るため門前で待っている参集者があま

顕如上人画像　大阪城天守閣蔵
長男の教如上人が文禄４年（1595）５月20日付で裏書をしたためている

りにも多く、門が開かれると先を競って入ろうとするので常に多数の死者が出る。
かかる儀式において死ぬ者は至福なる人と考えられており、それがため、人々の勢いにより死のうとして門内で故意に倒れる者もある。夜に彼は人々に対して説教を行ない、庶民は大いに涙を流す。

七条袈裟《しちじょうげさ》　大阪城天守閣蔵
顕如上人着用と伝えられる

顕如上人のもとに、諸国から続々と門徒たちが参集し、大坂本願寺が繁栄をきわめた様子がよくわかる。彼ら門徒たちは、天皇のまします都は京都に厳然とあったにもかかわらず、大坂本願寺に参拝にやって来ることを「上洛《じょうらく》」と言い、大坂に滞在することを「在京」と表現した。そして、大坂本願寺のことを彼らは「京都様」と呼んだ。

ガスパル・ヴィレラがいみじくも「日本の富の大部分はこの仏僧のもとにある」と書き記したとおり、顕如上人の時代、大坂本願寺は莫大《ばくだい》な富を蓄積するとともに、各地の戦国大名領内にも数多くの門徒を有し、確実に勢力を拡大して、一向一揆《いっこういっき》の総司令部として機能した。まさに本願寺法王国の〝首都〟に他ならなかった。それがゆえに、武力による天下統一、すなわち「天下布武《ふぶ》」を目指す織田信長との衝突は、やがて避けられないものとなってゆく。

織田信長の登場と〝石山合戦〟

織田信長

明衣《ゆかたびら》の袖をはずし、半袴、ひうち(火打)袋、色々余多《あまた》付けさせられ、御髪はちゃせん(茶筅)に、くれなゐ(紅)糸、もゑぎ(萌葱)糸にて巻き立て、ゆ(結)わせられ、大刀、朱ざや(鞘)をささせられ……町を御通りの時、人目をも御憚《はばか》りなく、くり(栗)、柿は申すに及ばず、瓜をかぶりくひ(喰)になされ、町中にて、立ちながら餅をほおばり、人により懸かり、人の肩につらさがりてより外《ほか》は、御ありき(歩)なく候。其の比《ころ》は、世間公道なる折節にて候間、大うつ気《け》とより外《ほか》に申さず候。

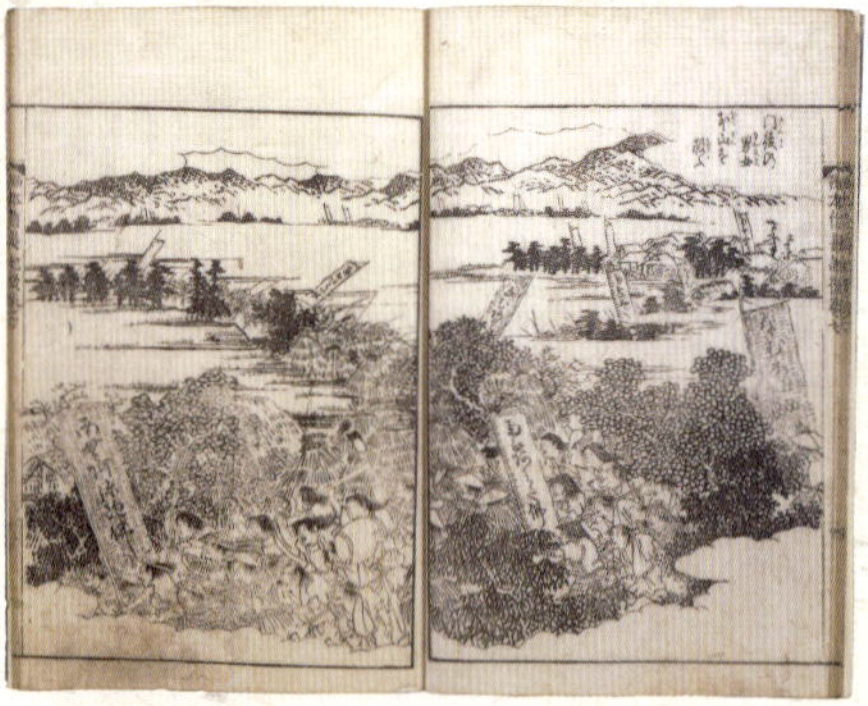

『絵本拾遺信長記』後編巻七
「門徒の男女本山を救ふ」　大阪城天守閣蔵
大坂本願寺の未曾有の危機に、各地の門徒たちが「南無阿弥陀仏」の筵旗《むしろばた》を掲げて馳せ参じる

『信長公記』にこう記された〝尾張の大うつけ〟織田信長は、織田信秀の嫡男として、天文三年（一五三四）五月十二日、那古野《なごや》城内に生を享《う》けた。

尾張国は、足利将軍家の一族で、三管領の一家として室町幕府で重きをなした斯波《しば》氏が代々守護をつとめたが、そのもとで、丹羽《にわ》・羽栗《はくり》・中島《なかしま》・春日井《かすがい》の上四郡は岩倉城を本拠とする織田伊勢守家が、海東《かいとう》・海《かい》西《さい》・愛知《あいち》・知多《ちた》の下四郡は清洲《きよす》城に拠《よ》る織田大和守家がそれぞれ守護代の任にあった。

信長の織田家は織田弾正忠家で、織田大和守のもとで老職をつとめ、織田因幡守・織田藤左衛門両家とともに〝清洲三奉行〟と通称された。守護の斯波氏から見れば、尾張半国の守護代に仕える一被官《ひかん》という存在に過ぎなかったが、信長の父信秀の代には、次第に主家を圧倒して、隣国の三河や美濃へ出兵するまでに勢力を伸長させていた。

天文二十年三月三日、織田信秀は流行病《はやりやまい》に罹《かか》って亡くなり、十八歳の信長が家督を継ぐこととなった。万松寺で営まれた父の葬儀にも、例の〝大うつけ〟スタイルで登場した信長は、仏前に進み出るや否や、つかみ取った抹香を投げつけるなど、素行の改まる気配は一向に見えなかった。しかし、永禄三年（一五六〇）五月十九日の桶狭間《おけはざま》合戦で、上洛《じょうらく》を目論《もくろ》んだ駿河・遠江・三河三ヶ国の太守今川義元を見事に討ち取ったことで、その勇名は一気に全国に轟《とどろ》いた。

かつて義元の属将であった三河の松平元康（のちの徳川家康）と同盟を結び、後顧の憂いを断った信長は、永禄十年八月十五日、難攻不落と謳《うた》われた稲葉山《いなばやま》城（のちの岐阜城）を攻め落とし、斎藤氏を滅ぼして美濃を支配下に置くことに成功した。

翌永禄十一年七月二十五日、信長は、非業の死を遂げた室町幕府第十三代将軍足利義輝の実弟義昭を岐阜城下に迎え入れ、これを奉じた信長は、途中、近江の六角氏を一蹴《いっしゅう》し、同年九月二十六日、瞬く間に上洛を果した。

縮衣《ちぢみごろも》　大阪城天守閣蔵
石山合戦で本願寺門徒が着用したと伝えられる

入京した信長の軍勢は、さらに山城・摂津・河内の諸城を攻略し、十月初めには、下《げ》剋上《こくじょう》の代表格としてその名を知られる〝梟雄《きょうゆう》〟松永久秀も、天下無双の名物茶入「九十九髪《つくもがみ》」を持参して、信長に降伏の意を示した。

破竹の勢いで畿内一帯を制圧した信長は、国際貿易港として繁栄を極める堺に対し、二万貫の矢銭《やせん》（軍事費）を課し、大坂本願寺には五千貫を要求した。堺はこれを拒否し、抵抗する姿勢を見せたが、本願寺は素直に信長の求めに応じた。

石山合戦

ところが、信長と敵対関係にある三好三人衆と通じているのではないかと嫌疑をかけられた本願寺には、その後も度々信長から無理難題が吹っ掛けられた。堪忍袋の緒が切れた顕如《けんにょ》上人はついに開戦を決意し、元亀元年（一五七〇）九月十二日、寺内の鐘が激しく打ち鳴らされ、それを合図に本願寺の兵が信長方の楼岸《ろうのきし》、川口の砦《とりで》を襲撃した。いわゆる〝石山合戦〟の始まりである。

一方、〝石山合戦〟の勃発《ぼっぱつ》と前後して、信長と将軍義昭の不和が表面化し、元亀四年（＝天正元年、一五七三）七月十八日、宇治の槇島城に拠って挙兵した義昭は呆気《あっけ》なく破れ、

長篠合戦図屏風（部分） 大阪城天守閣蔵

信玄以来、無敵を誇った武田の騎馬隊が、織田・徳川連合軍の鉄砲隊の前に、無惨にも砕け散る

河内から紀伊国由良《ゆら》を経て、毛利氏領国の備後・鞆《とも》に落ちた。

義昭は、なおも各地の戦国大名に宛てて盛んに手紙を送り、信長包囲網を画策した。大坂本願寺と各地の一向一揆《いっこういっき》もその一翼を担ったが、はやくも天正元年八月二十日には信長軍に攻められた朝倉義景が滅亡し、同月二十七日には、浅井久政・長政父子も同じく自害し果てた。

義昭の期待に反し、反信長勢力は次々と信長の軍門

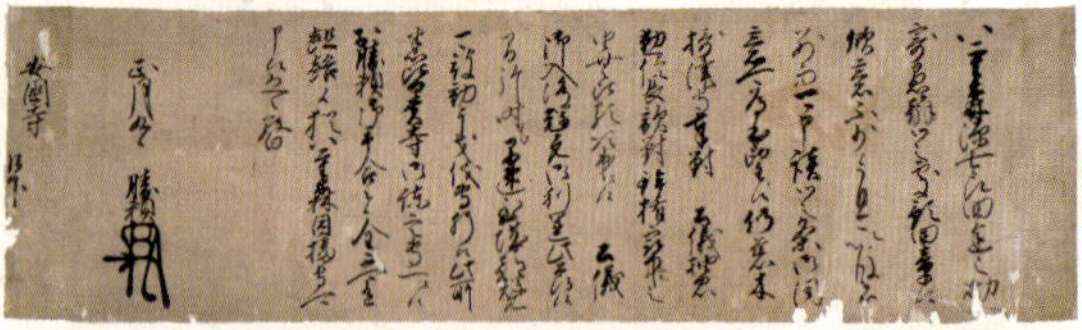

武田勝頼密書　大阪城天守閣蔵

毛利氏の外交僧として著名な安国寺恵瓊《えけい》に宛てたもの。荒木村重が寝返り、将軍義昭に忠節を尽すようになったことを喜んでいる

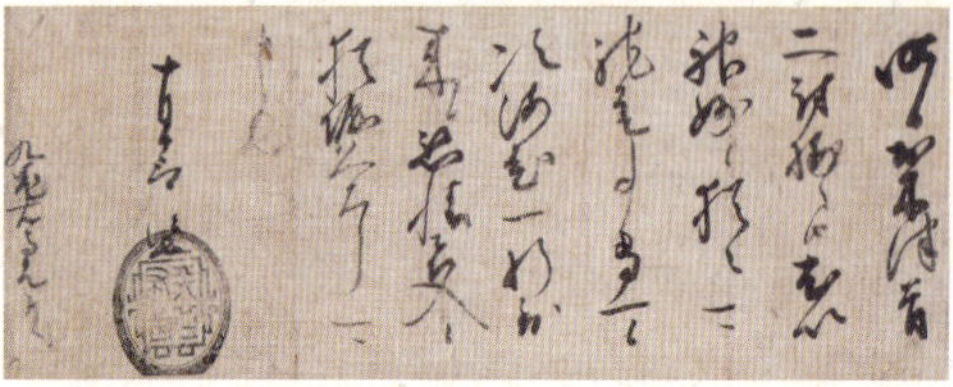

織田信長黒印状　大阪城天守閣蔵

木津川口の海戦で戦功を挙げた水軍の将・九鬼嘉隆に与えた信長の感状

に降り、猛威をふるった伊勢・長島や越前の一向一揆も平定されてしまった。そして、無敵を誇った武田の騎馬隊も、天正三年五月二十一日の長篠合戦で、織田・徳川連合軍の鉄砲隊を前に、無惨にも砕け散った。

天正五年八月には、松永久秀が叛旗《はんき》を翻したり、翌年には播磨の別所長治、摂津の荒木村重も背くなど、信長軍団内部の攪乱《かくらん》作戦が一時的に功を奏し、信長を窮地に追い詰めたこともあったが、やがてこれらも鎮圧された。

信長の大軍に包囲されることとなった大坂本願寺は、天正六年の木津川口の海戦で、毛利氏麾下《きか》の村上水軍が織田方の九鬼《くき》水軍に大敗を喫したことにより、わずかに保たれていた海上からの食糧補給路も断たれてしまい、よりいっそう孤立化の様相を深めたのである。

〝石山合戦〟の終結と大坂

〝石山合戦〟の終結

元亀元年（一五七〇）以来、十年の長きにわたった大坂本願寺と織田信長との〝石山合戦〟は、正親町《おおぎまち》天皇が仲裁に入る形で、天正八年（一五八〇）閏《うるう》三月、両者が和議を結び、ようやく終幕を迎えた。

本願寺と信長、双方から誓紙を提出することで講和が成立したのであるが、当時、誓紙は「起請文《きしょうもん》」と呼ばれ、たくさんの神仏に誓約する形式をとった。けれど、本願寺は阿弥陀如来を唯一無二の仏尊として崇《あが》める宗派であるから、顕如《けんにょ》上人がこれに署名したのでは、自派の信仰を門主自らが否定することになってしまう。そのため顕如上人は、本願寺の中枢を取りしきる坊官《ぼうかん》という重職にあった下間頼《しもつまらい》

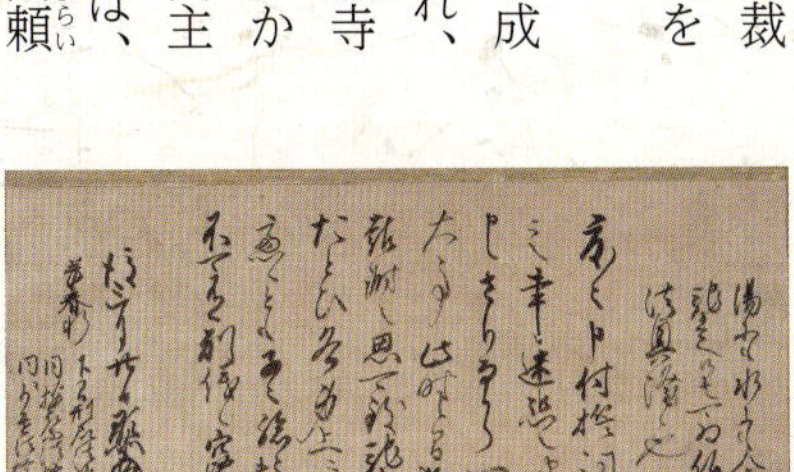

顕如上人書状　大阪城天守閣蔵

下間頼廉・同頼龍・同仲之の三人の坊官に宛てて、仏法興隆のためにも、誓紙に署名してくれるよう懇願している

廉《れん》・下間頼龍《らいりゅう》・下間仲之《なかゆき》の三人に、本願寺を代表する立場で署名するよう懇願した。頼廉らは門主の説得に応じて署名し、血判を捺《お》して、起請文を提出したのである。

こうして顕如上人らは大坂を退去し、紀州鷺森《さぎのもり》（現、和歌山市）へと向かった。ところがこの時、顕如上人の長男教如《きょうにょ》上人が父と袂《たもと》を分かち、仏敵織田信長への徹底抗戦を叫んで籠城した。結局、教如上人も五ヶ月後の天正八年八月には大坂を退去せざるを得なくなったが、その際に火災が起こり、二日一夜燃え続けて、壮大な本願寺伽藍《がらん》も、繁栄をきわめた寺内町《じないまち》も、全て灰燼《かいじん》に帰することとなった。そして〝石山合戦〟終結時に生じた顕如上人と教如上人の父子対立は、やがて巨大教団本願寺の分裂へとつながり、

下間仲之画像

大阪城天守閣蔵

顕如上人にかわって誓紙に署名・血判した坊官三人のうちの一人

教如上人画像

大阪城天守閣蔵

顕如上人の長男教如上人は、石山合戦終結の際、父と袂を分かち、やがて新たに東本願寺を興す

顕如上人の死後、慶長八年（一六〇三）に、教如上人は弟准如《じゅんにょ》上人が継承した従来の本願寺（西本願寺）とは別に、もうひとつの本願寺（東本願寺）を新たに興すのである。

ところで、〝石山合戦〟講和の折に織田信長が提出した起請文には、「一、賀州二郡、大坂退城以後、如在《じょさい》無きにおいては返付すべき事」「一、花隈《はなくま》・尼崎、大坂退城の刻《きざみ》、渡すべき事」（傍点筆者、以下同じ）といった条文があり、顕如上人らが大坂を立ち退くことを「大坂退城」と表現している。

また小瀬甫庵の著わした『信長記』では、「さる程に、大坂門跡事、信長公の幕下に属し、当城を相渡し然《しか》るべきとの勅定なりければ」「則ち七月二十日以前に、大坂の城同じく数箇所の出城共に渡し申すべき旨、誓紙を以て勅命に応じ奉るべき旨、勅答申されけり」「かくて七月二十日に、大坂の城うけ取の奉行として、矢部善七郎を遣はされける」と、大坂本願寺を「大坂の城」と記している。

さらに、『信長記』より信頼性の高い太田牛一の『信長公記』は、大坂本願寺について、「隣国の門家馳せ集まり、加賀国より城作を召し寄せ、方八町に相構へ、真中に高き地形あり。爰《ここ》に一派水上の御堂をこう〳〵と建立し」云々《うんぬん》と述べ、『足利季世記《きせいき》』は「同年（天文二年）五月五日ヨリ大坂ヲ責《せめ》ラルル。城ハ摂州第一ノ名城ナリ。籠ル兵トモハ、何レトモ近国・他国ノ諸門徒、一向ニ阿弥陀名号ニ心ヲカケ、命ヲ塵芥《じんかい》程ニ軽《かろ》ンジ防《ふせぎ》

安土城図　大阪城天守閣蔵

織田信長は、天下布武の拠点として、琵琶湖のほとりに七重の天守が聳え立つ安土城を築き上げた

戦《たたか》ヒケレバ、寄手《よせて》モ攻《せめ》アグンデ見《みゆ》ル」と伝えている。

要するに大坂本願寺は、名前こそたしかに「寺」であったが、実際には、本願寺王国の加賀から城作りの職人たちを多数召し寄せて築かれた「城」そのもので、しかも「摂州第一の名城」と褒《ほ》め称《たた》えられるほどの大城郭であった。そしてその「名城」を、十年かかってようやく、織田信長はわが手中におさめたのである。

織田信長は、尾張の清洲城にはじまり、小牧山城、ついで岐阜城と、版図の拡大にしたがって居城を移し、天正四年には琵琶湖のほとりに、華麗な七重の天守が聳《そび》え立つ安土城を築き上げた。

信長が見た大坂

『信長公記』には、大坂の地勢に関して次のような記述がある。

仰《そもそ》も大坂は、凡《およ》そ日本一の境地《きょうち》なり。其《そ》の子細は、奈良・境(堺)・京都に程近く、殊《こと》更《さら》、淀・鳥羽より大坂城戸口《きどぐち》まで舟の通ひ直《すなお》にして、四方に節所《せっしょ》を拘《かか》へ、北は賀茂川・白川・桂川・淀・宇治川の大河の流れ幾重《いくえ》ともなく、二里・三里の内、中津川・吹田川・江口川・神崎川引き廻し、東南は尼上《にじょう》ケ嵩《たけ》・立田山・生駒山・飯盛山の遠山の景気を見送り、麓は道明寺川・大和川の流に新ひらきの淵、立田の谷水流れ合ひ、大坂の腰まで三里・四里の間、江と川とつゞひて渺々《びょうびょう》と引きまはし、西は滄海漫々《そうかいまんまん》として、日本の地は申すに及ばず、唐土・高麗・南蛮の舟、海上に

錦絵『大日本名将鑑』のうち「織田右大臣平信長」
(月岡芳年画)　大阪城天守閣蔵
明智光秀の謀叛を受けた織田信長は、紅蓮の炎の中で、49年の生涯を終えた

出入り、五畿七道ここに集りて売買利潤、富貴の湊なり。

信長は、このように大坂をたいへん高く評価していた。これよりすると、彼が安土城の次に、大坂城を見据えていたことはほぼ間違いない。けれどその計画を実行に移す以前、天正十年六月二日、信長は家臣明智光秀の謀叛《むほん》に遭い、京都・本能寺でその激烈なる四十九年の生涯を終えた。

そしていよいよ秀吉の登場となる。

山崎合戦、そして賤ケ岳合戦

木下藤吉郎こと、のちの豊臣秀吉は、天文六年（一五三七）二月六日、尾張国中村（現、名古屋市中村区）に生まれた。父木下弥右衛門は織田信秀に仕えた足軽であったというが、

錦絵　水攻防戦之図（一猛斎芳虎画）大阪城天守閣蔵
備中高松城を水攻めしている最中に、秀吉は本能寺の変の急報に接した

秀吉の前半生は定かではない。

山崎合戦

永禄元年（一五五八）前後に織田信長に仕えてから、めきめきと頭角を現わし、天正元年（一五七三）には、滅亡した江北《ごうほく》の戦国大名浅井氏の旧領を与えられて長浜城主となった。天正四年からは主君信長に中国地方の経略を命ぜられ、姫路城を拠点に、中国の覇者毛利氏と向きあうこととなった。

信長が明智光秀に討たれた天正十年六月二日の時点で秀吉は、毛利氏麾下《きか》の武将清水宗治の守る備中高松城を水攻めにしていたが、本能寺の変の急報に接して、城主清水宗治の切腹を条件に俄《にわか》に毛利氏と和睦《わぼく》し、大急ぎで全軍を姫路城まで引き上げ、体制を整えた上で六月九日には、はやくも尼崎に着陣した。信長の三男信孝や池田恒興《つねおき》・中川清

池田恒興画像

大阪城天守閣蔵

池田恒興は、“大御乳《おおおち》”と呼ばれた織田信長の乳母養徳院の子。清洲会議の結果、大坂城主となった

秀・高山右近といった諸将の軍勢も糾合した秀吉は、六月十三日、山城と摂津の国境に近い山崎の地で逆臣明智光秀に勝負を挑み、見事に圧勝した。敗れた光秀は、再起をはかるべく近江・坂本城へと落ちる途中、京都郊外の小栗栖《おぐるす》（現、京都市伏見区）で、百姓たちの落ち武者狩りに遭い、彼らの繰り出す竹槍に刺されて、波乱の生涯を終えた。

賤ヶ岳合戦

山崎合戦の勝利から二週間後の六月二十七日、柴田勝家・丹羽長秀・池田恒興・羽柴秀吉の四人の宿老が、尾張・清洲城に参集して、信長亡き後の織田家の運営や遺領配分について話し合った。この清洲会議の結果、大坂城を含む摂津一国は、池田恒興の領有するところとなる。恒興は、信長の乳母《うば》養徳院の子で、信長とは乳兄弟の関係にあった。

『細川忠興軍功記』によると、「天正十年春、信長様御代、大坂之御城御本丸は丹羽五郎左衛門長秀殿御預り、千貫矢倉《せんがんやぐら》は織田七兵衛に御預けなされ、召し置かれ候由の事」

とあるので、大坂本願寺の跡地を手に入れた信長は、丹羽長秀や織田信澄《のぶずみ》（七兵衛）といった一族・重臣を大坂城に配置し、守備させせたらしいが、本能寺の変後は、新たに池田恒興が大坂城主となったのである。

信長亡き後の織田家では、第一の宿老柴田勝家と、主君の仇《あだ》を報じた羽柴秀吉との主導権争いが表面化し、ついに天正十一年四月、江北・賤ケ岳《しずがたけ》で両雄が激突して、雌雄を決した。四月二十日の戦いでは、勝家の甥で〝鬼玄蕃《おにげんば》〟

賤ケ岳合戦図屏風より秀吉本陣部分 大阪城天守閣蔵
虎皮の陣羽織を着て、日の丸扇を持ち、全軍を指揮する秀吉。賤ケ岳合戦に勝利した秀吉は、信長後継者の座を不動のものとした

賤ケ岳合戦図屏風より七本槍部分　大阪城天守閣蔵

賤ケ岳合戦では、加藤虎之助（のちの清正）・加藤孫六（のちの嘉明）・脇坂甚内（のちの安治）ら、秀吉の小姓衆が大活躍した。のちに彼らは「賤ケ岳七本槍」と通称されるようになる

の異名をとり、恐れられた佐久間盛政が、秀吉方の将中川清秀の守る大岩山砦《とりで》を激しく攻め立て、清秀を敗死に追い込んだ。岩崎山砦を守っていた高山右近も敗走し、初日は勝家軍の大勝利に終わったが、調子に乗り過ぎた盛政が、総大将勝家の制止も聞かずに秀吉軍の中へと奥深く攻め入ったため、翌二十一日、秀吉本隊の猛攻を受けた盛政軍は壊滅し、勝家本隊も奮闘空《むな》しく打ち破れ、勝家は居城・北ノ庄へと逃げ帰った。

賤ケ岳合戦に勝利した秀吉は、翌二十二日には越前・府中城に到り、勝家に与《くみ》した前田利家を降参させて味方につけ、利家を先鋒として北ノ庄城へと向かい、翌二十三日にはこれを包囲した。

勝家は、

夏の夜の　夢路はかなき　跡《あと》の名を　雲井にあげよ　山郭公《やまほととぎす》

と辞世を詠み、

さらぬだに　打ぬる程も　夏の夜の　夢路をさそふ　郭公《ほととぎす》かな

と詠じた夫人お市の方とともに自害して果てた（『柴田合戦記』）。

お市の方は織田信長の妹で、浅井長政に嫁したが、浅井氏滅亡ののち、勝家に再嫁した。このときお市の方は長政との間に儲《もう》けた三人の娘、茶々《ちゃちゃ》（のちの淀殿）・初《はつ》（のち京極高次夫人常高院《じょうこういん》）・小督《おごう》（のち徳川秀忠夫人崇源院《すうげんいん》）を連れて勝家に嫁いだが、茶々ら三姉妹は北ノ庄落城の折、城外に出され、無事救出された。

縹糸下散紅威胴丸
大阪城天守閣蔵
「賤ケ岳七本槍」の一人、脇坂安治が秀吉から拝領した鎧

柴田勝家を滅亡させた秀吉は、さらに加賀国金沢まで進攻して、勝家遺領の処分を行い、五月十一日には近江・坂本城に入った。秀吉はこの坂本城から、のちに彼の側室となる前田利家の娘まあ姫に宛てて次のような書状をしたためた（前田育徳会所蔵文書）。

いそぎ《（急）》其方《その》へまづ《（先）》〳〵参り申すべく候《そうら》へども、さかもと《（坂本）》ニい《（居）》申し候て、大ミ《（近江）》うち《（内）》のちぎょう《（知行）》あらため《（改）》させ、又ハしろ《（城）》ども《（共）》わ《（破）》らせ申し候て、こゝもとひま《（隙）》をあけ《（明）》候ハゞ、大さか《（大坂）》をうけ《（請）》とり《（取）》候て、人数い《（入）》れお《（置）》き、くに〴〵《（国々）》のしろ《（城）》わ《（破）》り候て、これいご《（以後）》むほう《（無法）》なきようにいたし申し候て、五十ねん《（年）》もくに〴〵《（国々）》しづ《（鎮）》まり候ようニ申し付け候

はやくそなたのところへ行きたいけれども、今はまだ坂本城にいて、近江国内の支配関係を調べたり、不要な城や砦を破却させたりしている。それらが一段落したら、池田恒興から大坂城を受け取ってわが軍勢を入れ、全国各地の不要な城砦《じょうさい》を悉《ことごと》く破却し、以後一切無用な戦争などおこらない、五十年も平和が続く、そんな社会をつくってみせる——大坂城を拠点に天下統一を果たす、という秀吉の高らかな宣言であった。

秀吉の大坂築城

天正十一年（一五八三）六月二日。奈良・興福寺の学僧多聞院英俊《たもんいんえいしゅん》は、この日の日記に「去年ノ今日ハ信長生害《しょうがい》、肝《きも》消え了《おわん》ぬ。京都ニテ種々弔《とむらい》これあると云々《うんぬん》。（中略）羽《は》筑《ちく》、今日大坂へ始テ入城と云々」（『多聞院日記』）と記した。

秀吉の入城

織田信長が非業の死を遂げた本能寺の変から、ちょうど一年にあたるこの日、京都・大徳寺では秀吉の主催で、信長一周忌の法要が盛大に営まれた。そして法要が済むと、秀吉はその足で大坂城に乗り込んだという。「羽筑」とは羽柴筑前守秀吉のことである。

本能寺の変後、秀吉は主君信長の顕彰に努め、その信長の正統な後継者が自らであることを強くアピールした。秀吉の養子となっていた信長の四男於《お》次《つぎ》秀勝《ひでかつ》を喪主として、天正十年九月十二日にいちはやく大徳寺で信長の百ケ日法要を主催したことがそうであるし、同年十月十五日にやはり大徳寺で、遺骸のかわりに等身大の信長木像を造って棺《ひつぎ》に納め、葬儀を執行したことも、信長の菩提所として大徳寺山内に総見院《そうけんいん》を造営したことも、一周忌法要を営んだことも、全てがそうした行動の一環であった。

もちろん、一周忌の法要を済ませた後、直ちに大坂城に入ったのも、そうした秀吉のデモンストレーション的行動だったことは疑いない。信長が計画しながら果たせぬままとなっていた、大坂城に拠点を据えての天下統一事業を、亡き主君にかわって、いま自分が実現してみせるのだということを広く内外にアピールするために、信長一周忌の法要を済ませ、秀吉は大坂城に入城したのである。

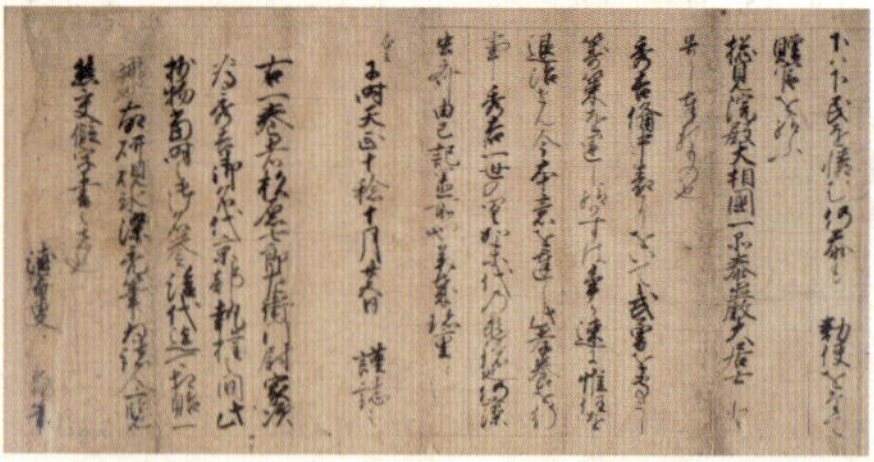

「総見院殿追善記」（末尾部分）大阪城天守閣蔵
主君織田信長の事績を顕彰するとともに、明智光秀を倒して信長の葬儀を執行した自らの功績を広く宣伝し、後世に遺すため、秀吉が作らせた書。天正10年（1582）10月25日成立。「総見院殿」は信長の法号

ここであらためて注意しておかねばならないのは、多聞院英俊が「羽筑、今日大坂へ始テ入城」（傍点筆者）と、明確に記していることである。これまで紹介してきたように、現在の大阪城地には、かつて蓮如上人が大坂（石山）御坊を草創し、それがやがて大坂（石山）本願寺となり、〝石山合戦〟終了後、その本願寺の跡を信長が「大坂城」として用い、

信長亡き後は池田恒興が大坂城主となっていた。秀吉は、その大坂城の明け渡しを恒興に要求して、「入城」したのである。いまだ一般には、大坂城は秀吉が初めて築いたかのように思っておられる方が多いようであるが、多聞院英俊が記したように、秀吉が入る以前に既に大坂城は存在したのである。

大坂築城

秀吉による大坂築城は、この旧城の跡を巧みに利用・活用する形で行われた。京都・吉田神社の神官で公卿《くぎょう》でもあった吉田兼見《かねみ》が日記の天正十一年九月一日条に「今日より大坂普請《ふしん》の由《よし》、申し了《おわ》んぬ。河内路罷《まか》り通る。里々山々、石を取る人足・奉行人等、数千人。数を知らず」(『兼見卿記』)と記したように、大坂城の築城工事は、秀吉の入城から三ヶ月を経た天正十一年九月一日から始まった。これに先立ち、秀吉は大坂築城に使う石材の切り出し・運搬について、掟書を発行した。そこには、

- 採石場で石を自分のものとするためには石に印を付けるだけでは不十分で、実際に石を運ばなければならないこと

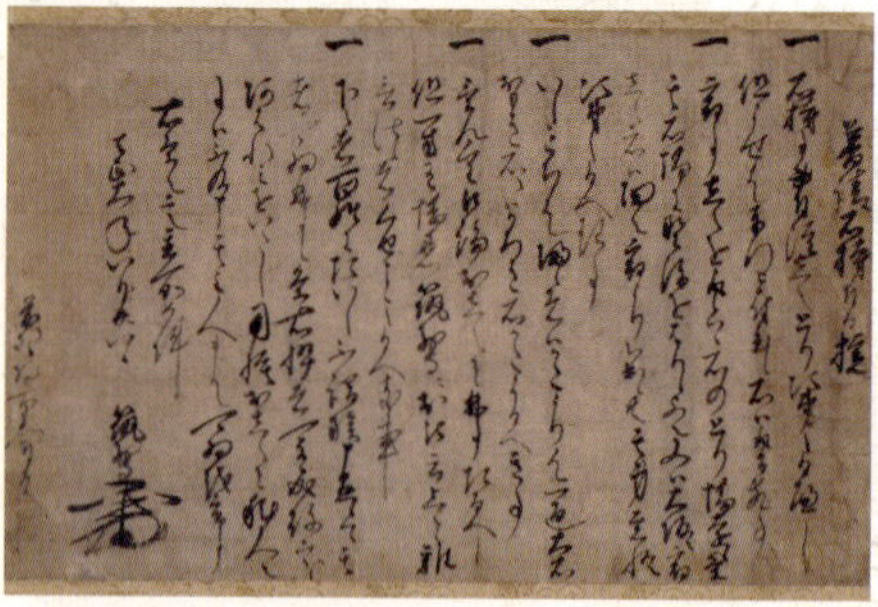

羽柴秀吉大坂築城掟書　大阪城天守閣蔵
大坂築城に使う石材の切り出し、運搬などについて定めた秀吉の掟書。天正 11 年（1583）8 月 28 日付で、家臣の前野長康に宛てたもの

・採石に従事する期間は原則として野陣をはるか、もしくは大坂に宿をとること
・石運びの途上では大石を運搬する者を優先して通行させること
・喧嘩を禁止すること
・百姓たちに理不尽な要求をしないこと

などが具体的に記されている。

先に紹介した吉田兼見は、八月三十日に大坂から堺へ入り、同地で宿泊したのち、九月一日には平野を経由して、東高野街道（河内路）を通り、翌二日に帰京したが、彼はその途中、信貴・生駒の山々で、大坂築城用の石を切り出して運ぶため、夥《おびただ》しい数の人々が忙しく働く様子を目撃し、驚きの声をあげたのである。

大坂城の築城工事はこうして始まり、天正十三年四月頃には、金箔瓦で飾られ、眩《まばゆ》いほどに輝く五層の華麗な大天守が竣工した。

一五八五年十月一日（天正十三年閏八月八日）付の書簡でルイス・フロイスは次のよう

に述べている。

筑前殿は先づ同所（大坂）に甚だ宏大な城を築き、其《その》中央に甚だ高い塔を建て、堀・

豊臣秀吉築造の大坂城大天守（重要文化財「大坂夏の陣図屏風」右隻部分）　大阪城天守閣蔵
豊臣秀吉築造の大坂城本丸に聳えたつ五層の大天守

金箔押三巴文軒丸瓦《きんぱくおしみつどもえもんのきまるがわら》
大阪城天守閣蔵
豊臣秀吉築造の大坂城には、金箔瓦がふんだんに用いられ、太陽の光を受けて眩しく輝いた壁及び堡塁《ほるい》を設けた。堡塁は各々塔の如く入口に大小の門あり、門は鉄を以て覆うてある。是は其住居で、又最も親しい役人及び使用人の居所である。此処に其財宝を貯へ又弾薬及び糧食の大なる家を建てた。

右は悉く旧城の壁及び堀の中に築かれたが、古い部分も皆改築して、堡塁及び塔を附し、其宏大・精巧・美観は新しい建築に匹敵している。殊に重なる塔は金色及び青色の飾を施し、遠方より見え一層壮厳の観を呈している。

フロイスが的確に記したように、それは大坂御坊以来の旧城の跡を利用した築城工事であったが、あまりにも豪壮華麗な城に仕上がったため、まるで新しい城が全く新たに築かれたのような印象を与えた。

これこそが秀吉の大坂築城なるものの実態だったのである。

城下町大坂の建設

天正十一年（一五八三）九月一日に始まった大坂城の築城工事は、大天守の竣工した天正十三年四月頃にいちおう完了する。但し、この時点で完成したのは、のちにいう本丸部分のみに過ぎず、秀吉の築城工事は断続的ながら、これ以降も延々と続けられた。

天正十四年二月から同十六年三月にかけての第二期工事では二の丸が築造され、文禄三年（一五九四）一月から同五年にかけての第三期工事では三の丸・惣構《そうがまえ》が造られ、慶長三年（一五九八）七月から同四年にかけての第四期工事では、さらに大坂城の防御力が増強された。こうして大坂城は、難攻不落の巨大城郭として完成する。

その範囲は、北が大川（旧淀川）、東がおおむね現在のＪＲ大阪環状線、南は空堀通り、西は

豊臣秀吉画像　大阪城天守閣蔵
狩野光信筆と伝えられる秀吉の肖像画

現在の東横堀川に囲まれた区域で、面積は約五〇〇万平方メートルにも及び、現在の国指定特別史跡大坂城跡からすると、実に七倍という、とてつもないスケールを誇った。

ところが、大坂城が最終的な姿に完成した慶長四年の前年、慶長三年八月十八日に秀吉は既にこの世を去っていた。どうして秀吉が死の直前になって、あらためて大坂築城の第四期工事を始めたのか、大いに気になるところではあるが、その点については、のちに詳しく述べることとしたい。

豊臣秀吉築造大坂城本丸復原模型　大阪城天守閣蔵

豊臣時代の大坂城本丸は、詰の丸・中の段・下の段という三段から成り、立体的に構築されていた。天守の位置や堀の形も現在とは異なる

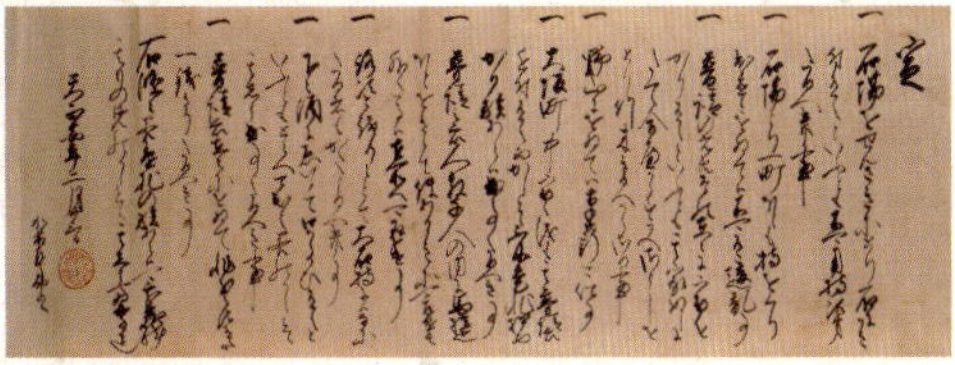

豊臣秀吉朱印状　大阪城天守閣蔵
天正 14 年（1586）2 月 23 日付で加藤嘉明に宛てた秀吉の朱印状。第 2 期築城工事の石集めに関する定書

城下町の建設

さて、秀吉が大坂築城を開始する天正十一年九月一日の前日、八月三十日に、先に紹介した公卿《くぎょう》の吉田兼見が大坂を訪れ、その日の日記に「長岡越中宿所へ音信《いんしん》、屋敷普請場《ふしんば》にこれあり。即ち面会。築地《ついじ》以下普請驚目《きょうもく》し了《おわん》ぬ。宿所未だ仮屋の躰《てい》也。諸侍各屋敷築地也。広大也。在家天王寺へ作り続く也」（『兼見卿記』）と記している。

兼見は、旧知の細川忠興《ほそかわただおき》（長岡越中）を屋敷の建設現場に訪ねたのであるが、細川邸は周囲に築地をめぐらせた広大なもので、周辺で建設中の諸大名、秀吉の家臣たちの屋敷も全て同様に築地をめぐらせた立派なものであったから、兼見は心の底から驚きの声をあげている。それとともに、八月三十日の時点で、既に多くの町家が建ち並び、その町並みが四天王寺までつながったことを記しているから、城下町の建設は大坂築城に先駆けて進められていたことが知られる。

『兼見卿記』の翌九月一日条には、「巳刻《みのこく》、和泉堺を発足。平野に至り見物。当在所悉《ことごと》く天王寺へ引き寄する也。竹木・堀以下これを埋《うず》む也」

との記述があり、戦国期には堺とともに繁栄をきわめた平野の町が、自治都市の象徴ともいうべき環濠《かんごう》を埋められ、周囲にめぐらせた防衛用の竹矢来《たけやらい》も全て破壊されて、住民は天王寺近辺に移住させられたことが知られる。豊かな経済力を持った平野の人々が移り住んだ「平野町」ができたことで、城下町大坂は古くからの四天王寺門前町とつながったのである。

そのことは、一五八四年一月二十日（天正十一年十二月十八日）付のルイス・フロイス書簡に、「堺の彼方《かなた》約一レグワ半又は二レグワの所に、城の如く竹を以て圍《かこ》ひたる美しき村あり。名を平野と言ふ。尊師は堺よりキリシタン見舞のため、八尾に赴かれたる時、此処を通過せられたり。此処に大《おおい》に富める人々居住せしが、羽柴は使を遣し、其《その》町を一層盛《さかん》なるものとなさんため、大坂に移らんことを求めたり」とあることからも裏付けられる。

同じ書簡には、「彼（秀吉）は其邸の建築に多額の金を費し、其宏大《こうだい》にして壮麗なることを図るのみならず、新《あら》に造る町の拡大に意を用ひ、大坂より三レグワの距離に在《あ》る堺の町に接続せしめんとす。而《しこう》して本年工事を始めたるに拘《かかわ》らず、既に約二レグワの天王寺まで家続きとなりたりといふ」とも記されており、秀吉は天王寺からさらに堺まで町並みをつなげ、国際貿易港・堺を大坂の外港とする南北に長い城下町を企図していたことが知られる。

秀吉の構想

秀吉が側近の大村由己《おおむらゆうこ》に命じて、天正十一年十一月に成立した『柴田退治記』には、次のような一節がある。

秀吉は摂津の国大坂において城郭を定む。かの地は五畿内の中央にして、東は大和、西は摂津、南は和泉、北は山城。四方広大にして、中に巍然《ぎぜん》たる山岳なり。麓《ふもと》を廻《めぐ》る大河は淀川の末、大和川流れ合ひて、其の水即ち海に入る。大船小船、日々岸に着く事、数千万艘《そう》と云ふ事を知らず。平安城へは十余里、南方は平陸にして、天王寺・住吉・堺津《さかいのつ》へ三里余り。皆、町・店屋・辻小路を立て続け、大坂の山下《さんげ》となるなり。五畿内を以て外構へとなし、かの地の城主を以て警固となすものなり。

秀吉が天下統一の拠点と定めた大坂が、いかに優れた立地であるかを述べたものであるが、ここに出てくる「山下」とは城下町のことで、戦国期には通常、城が山の上にあり、麓に城下町があったため、そう呼ばれた。秀吉は五畿内の諸国を大坂城の外郭とする雄大な構想のもとに、大坂から堺に至る長大な城下町を計画したのである。

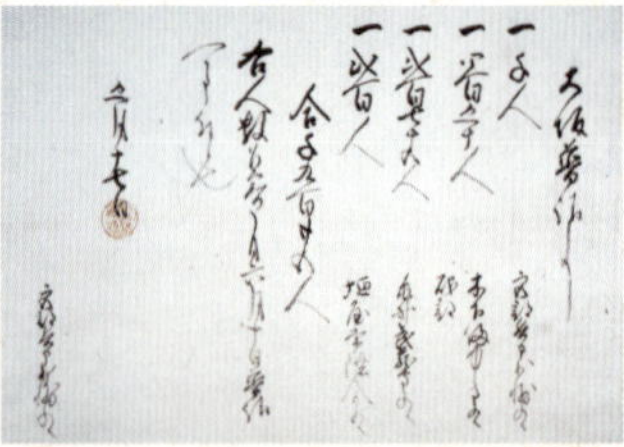

豊臣秀吉朱印状

大阪城天守閣蔵

慶長３年（1598）５月17日付の秀吉朱印状で、「大坂普請」への参加を命じ、工事に動員すべき人夫の数を割り当てた指令書。第４期工事に関するもの。

大坂遷都の計画

遷都計画

城下町大坂の建設は、大坂築城に先行して始められ、ルイス・フロイスが「彼（秀吉）は万人からこの上もなく畏敬《いけい》されていたので、何千人とも知れぬ人々がその工事に従い、多数の重立った諸侯が自らそこで働くために訪れた。（秀吉は）それらの諸侯に対し、（大坂）城の周囲に各自の宮殿なり豪華な邸宅を造営するように命じ、かくてあたかも信じ難いようなことであるが、わずか四十日間に二千五百以上の家屋が完成した」（フロイス『日本史』）と記したように、工事は驚くべきスピードで進められた。

ところでフロイスは、一五八四年一月二十日（天正十一年十二月八日）付の書簡で、城下町大坂の建設にかかわって、秀吉が注目すべき構想をもっていたことを伝えている。

羽柴は又《また》若《も》し可能ならば、都の町を同所（大坂）に移さんと決し、之《これ》が為め五山と称する五つの主要なる僧院、及び坊主の諸宗派に、彼等《かれら》の建築を移さんことを命じたり。此事は彼が何《いず》れの宗派にも熱心なるがためにあらず、建築を立派にし、己《おのれ》の名を弘《ひろ》めんがためなり。又予《よ》が聞きたる所に依《よ》れば、使者を内裏《だいり》の許《もと》に出し、大坂に移ら

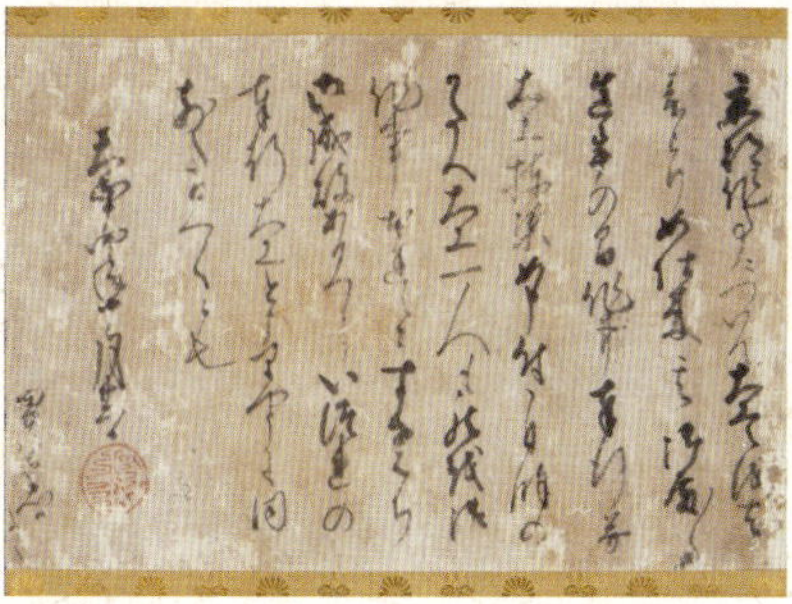

豊臣秀吉朱印状　大阪城天守閣蔵

天正 14 年（1586）10 月 22 日付の秀吉朱印状。聚楽第の建築工事に際して大工の統制を命じたもの

聚楽第図　大阪城天守閣蔵
天正 15 年（1587）9 月に竣工した聚楽第は、関白秀吉の新たな居城となった

んことを請ひ、信長が安土山に於《お》いて、内裏のために造りしものに劣らざる立派なる宮殿を作らしむべしといへる由なり。内裏は之を感謝し、己の身を国外に移すことは稀《まれ》なることにして、其《その》先祖は三百年余の間、之をなしたることなきを以て、大《おおい》に考慮を要す。故《ゆえ》に日本の貴族・諸国王及《およ》び諸侯と協議し、彼等之《これ》に賛成したる後、内裏も亦《また》其可否を考ふべしと言へり。

秀吉は、南禅寺・天龍寺以下の京都五山や天台宗・真言宗・浄土宗・日蓮宗など、仏教各宗派の本山に大坂に移るよう命じた。そして朝廷にも使者を送り、天皇のために立派な御所を造営するので、大坂に遷座いただきたいと願い出た。

ときの正親町《おおぎまち》天皇は、秀吉の厚情に感謝しながらも、先祖代々長年にわたって天皇が京都から他所《よそ》へ身を移したことなど例がないので即答は難しく、慎重な検討が必要であると伝え、公家たちともよく相談し、彼らが了解するならば、その上で自分としてもその是非を考えてみたい、と回答したというのである。

フロイスは、これに先立つ一五八四年一月二日（天正十一年十一月二十日）付の書簡でも、「又聞く所に依れば日本の王なる内裏及び都の主要なる寺院を此所（大坂）に移さんとしている。都から同所までは十三レグワある故、此移転に要する経費と困難は非常なものであるが、若し之を厭《いと》ひ又は反対する者があれば、当八四年には都の市に火を放って焼払ふと誓ったといふことである」と述べ、やはり大坂遷都計画について触れているが、先に紹介した一月二十日付の書簡とはかなり雰囲気が異なり、秀吉は、京都五山や各宗派の本山寺院などが大坂への移転に難色を示すならば、京

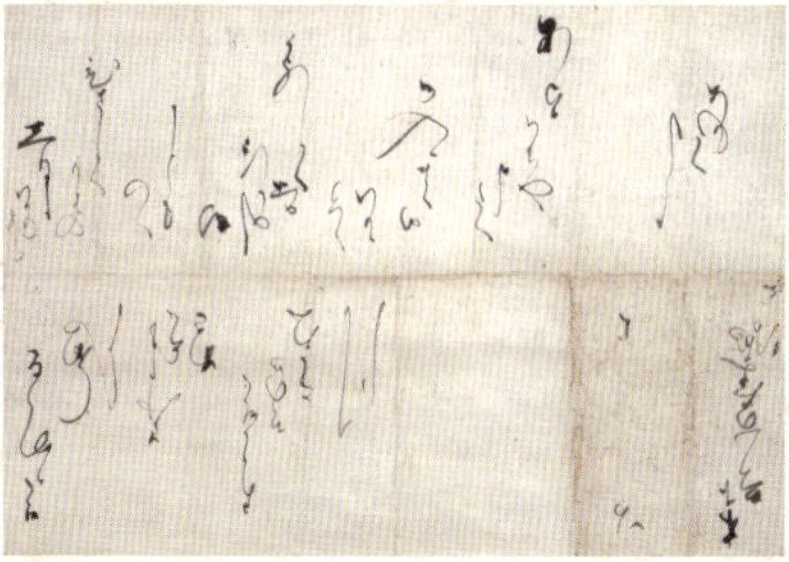

北政所自筆書状　大阪城天守閣蔵
秀吉糟糠《そうこう》の妻であるお祢は、夫の関白任官とともに、「北政所」という敬称で呼ばれるようになる。本状は、彼女が甥の木下延俊に宛てた自筆の手紙

都の市街に火を放って焼き払うぞと脅《おど》し、きわめて強圧的な態度で臨んだことを伝えている。

こうした秀吉による大坂遷都計画については、フロイスの書簡だけでなく、国内史料からも確認できる。徳川家康の重臣で、〝四天王〟の一人と謳《うた》われた本多忠勝が、天正十一年九月十五日付の書状で、常陸《ひたち》国下館《しもだて》城主水谷正村《みずのやまさむら》の弟勝俊《かつとし》に宛てて、「仍《よっ》て上方《かみがた》の儀、筑前守（秀吉）何篇《なにへん》にも家康と入魂《じっこん》申され候。去月三日不動国行《ふどうくにゆき》の御腰物《おんこしもの》、羽筑《はちく》（羽柴筑前守＝秀吉）より家康へこれを進《まい》らせられ候。只今《ただいま》は大坂に普請仕《ふしんつかまつ》られ候。来春は京都をも大坂へ引き取るべきの由に候」と書き送っているのである。

幻の遷都

私の先輩学芸員である内田九州男氏（のち愛媛大学教授）は、〝石山合戦〟の終結時に紀州鷺森《さぎのもり》（現在の和歌山市）に退去し、さらに泉州貝塚へと移っていた本願寺が、天正十三年五月に移転して来るまで空地のまま放置されていた中島《なかじま》（のちの天満）地域こそが内裏予定地ではなかったかと推測しておられる（同氏「豊臣秀吉の大坂建設」他）が、いずれにせよ、秀吉の大坂遷都構想は実現に至らず、天正十三年七月十一日に前関白近衛《このえ》衛前久《えさきひさ》の猶子《ゆうし》となって従一位《じゅういちい》関白に叙任《じょにん》された秀吉は、翌年二月から京都の中枢、平安京の大内裏《だいだいり》跡地（内野《うちの》）に新亭（新城）の建設を始める。この城は「聚楽第《じゅらくてい》」と命名され、天正十五年九月十三日、関白秀吉は正室北政所《きたのまんどころ》（お祢《ね》）・母大政所《おおまんどころ》をともなって、大坂城から新たに竣工なった聚楽第へ移徙《わたまし》の儀を執《と》り行った。「移徙」とは、「いし」とも読み、高貴な人の正式な転居を意味する。

したがって、この日を以て、関白秀吉の居城は大坂城から聚楽第へと変更になり、豊臣政権の所在地も大坂から京都へと移った。大坂遷都計画は幻に終わり、それとともに、大坂城から堺へと南北に長く続く城下町の建設計画も放棄されることとなったのである。

大政所画像（模）

大阪城天守閣蔵

原本は京都・大徳寺の所蔵。「大政所」とは関白の母に対する尊称。俗名は「なか」とも伝えられるが、定かではない

「豊臣朝臣」賜姓と聚楽行幸

「豊臣朝臣」の賜姓

前関白《さきのかんぱく》近衛前久《このえさきひさ》の猶子となった秀吉は、「藤原朝臣《ふじわらのあそん》」を称して、天正十三年（一五八五）七月十一日に従一位関白に叙任された。同年九月九日には新たに創《つく》られた「豊臣朝臣《とよとみのあそん》」を朝廷から賜り、彼は「豊臣秀吉」を名乗ることとなった。

こんにちでは、「氏名」という欄があれば、私なら「北川央」と記入し、「姓名」でも同じく「北川央」と書く。また、あなたの苗字（名字）はと聞かれれば、「北川です」と答える。要するに、氏＝姓＝苗字と認識しているわけであるが、これは明治四年に制定された戸籍法以降のことで、かつては氏と姓と苗字はそれぞれ厳密に区別された。

古代の飛鳥時代に活躍した蘇我臣馬子《そがのおみうまこ》や物部連守屋《もののべのむらじもりや》などでいうと、「蘇我」「物部」が氏で、「臣」「連」が姓《かばね》である。平安時代の菅原朝臣道真《すがわらのあそんみちざね》・藤原朝臣道長《ふじわらのあそんみちなが》、鎌倉時代の源朝臣頼朝《みなもとのあそんよりとも》の場合は、「菅原」「藤原」「源」がそれぞれ氏で、「朝臣」が姓である。そして氏＋姓の「菅原朝臣」「藤原朝臣」「源朝臣」を、音読みして「姓《せい》」とも呼んだ。

鎌倉時代の公卿《くぎょう》で日記『玉葉《ぎょくよう》』の著者としても知られる九条兼実《くじょうかねざね》や、室町時代の公卿で学者としても著名な一条兼良《いちじょうかねら》などの場合は「九条」「一条」が苗字で、二人とも本姓は「藤原朝臣」である。

南北朝期に活躍した足利尊氏《あしかがたかうじ》と新田義貞《にったよしさだ》は、ともに清和源氏の分流で本姓は「源朝臣」、「足利」「新田」はそれぞれ苗字である。

徳川家康の「徳川」も苗字で、彼は朝廷に対しては公式に「源朝臣家康」と名乗ったが、秀吉の場合は、主君織田信長が「平朝臣《たいらのあそん》」を称したことから、当初、これを継承して「平朝臣秀吉」を名乗り、「藤原朝臣秀吉」を経て「豊臣朝臣秀吉」となった。「羽柴」は苗字で、「豊臣」は氏であるから、「羽柴秀吉」が「豊臣秀吉」に変ったわけではない。

併せて注意しておかなければならないのは、足利尊氏や新田義貞のように、苗字＋名の場合は「あしかがたかうじ」「にったよしさだ」と読むが、菅原道真・源頼朝など氏＋名の場合は「すがわらのみちざね」「みなもとのよりとも」

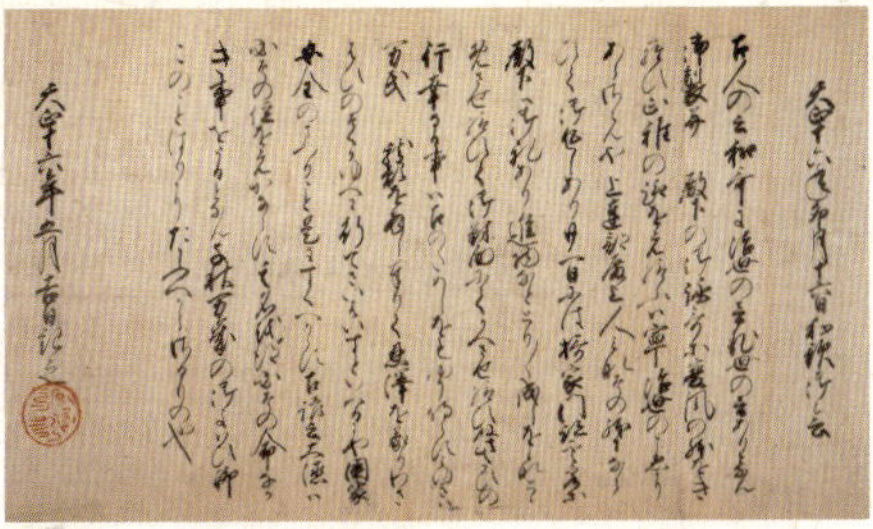

聚楽行幸記（末尾部分）大阪城天守閣蔵

後陽成天皇の聚楽第行幸の様子を記した詳細な記録。秀吉が側近の大村由己《おおむらゆうこ》に命じて作らせたもので、天正16年5月吉日という日付の下に秀吉の朱印が捺されている

後陽成天皇自筆和歌色紙

大阪城天守閣蔵

『新古今和歌集』に収められた「松しまや　しほくむあまの　秋の袖　月は物おもふ　ならひのミかは」という古歌を、後陽成天皇が自筆でしたためたもの

というように、氏と名の間に「の」を入れて読む。徳川家康が「源家康」を名乗る際にも、「みなもとのいえやす」と「の」を入れて呼ばれた。したがって、秀吉の場合も、「羽柴秀吉」は「はしばひでよし」でよいが、「豊臣秀吉」は「とよとみのひでよし」と読まなければならない。

聚楽行幸

それはともかく、秀吉は天正十四年十二月十九日には太政大臣《だいじょうだいじん》にも任ぜられて位人《くらいじん》臣《しん》を極め、翌十五年九月十三日には完成なった京都・聚楽第《じゅらくてい》に移徙《いし》し、十六年四月十四日には、その聚楽第に後陽成《ごようぜい》天皇の行幸を仰いだ。

先頭を烏帽子《えぼし》着の侍《さむらい》が進み、天皇の女御《にょうご》である中和門院《ちゅうわもんいん》や生母新上東門院《しんじょうとうもんいん》をはじめとする宮中の女官や皇族、高位の公家たちを乗せた輿《こし》が連なり、主役である天皇の乗る鳳輦《ほうれん》が多くの侍臣を従えて続き、さらにその後の牛車《ぎっしゃ》には秀吉が乗り、石田三成・増田長盛・大谷吉継ら諸将がこれに供奉《ぐぶ》した。

その様子は、『聚楽行幸記』に

さて四足の門を北へ、正親町《おおぎまち》を西へ、聚楽第まで一四、五町。その間、辻がため六千余人なり。先《ま》づ、烏帽子ぎの侍をわたし、国母の新上東准后《じゅごう》と女御の御輿《おんこし》をはじめ、大典侍《だいすけ》御局《のおつぼね》、其外《そのほか》、女中衆御こし三十丁余。皆、した簾《みす》あり。御輿ぞへ百余人。御供の人々、わらはすがたなど、さすがにおぼえて、花やかなり。其跡《そのあと》に少し引き下がりて、ぬり輿十四、五丁あり。（中略）鳳輦、聚楽の中門にいらせ給ふ時、牛車は、いまだ禁中を出給《いでたま》はず。

と記される。

御所と聚楽第とは「十四、五町」、すなわち一・五、六キロメートルの距離であったが、その間には警備のために六千人余りが配置され、天皇の乗る鳳輦が聚楽第の中門に入ったというのに、秀吉の乗る牛車は未《いま》だ御所を出発さえしてないといったありさまで、長大で華麗な行列が延々と続いた。聚楽第での宴《うたげ》も五日間にわたって盛大に繰り広げられ、

小牧長久手合戦図屏風（部分）大阪城天守閣蔵
天正 12 年 4 月 9 日に行われた長久手合戦の様子を描いた屏風絵。右上方の山あいから姿を現わす金色の日の丸扇が徳川家康の大馬印。その下方で徳川方の鉄砲隊が秀吉軍（左）を激しく攻撃している

それは〝天下人《てんかびと》〟秀吉にとって、まさに一世一代の盛儀であった。

この間、全国平定の戦いも着々と進行していた。天正十二年の小牧長久手合戦でこそ徳川家康に局地戦で一敗地に塗《まみ》れたものの、その家康をも政治的手腕で服従させ、天正十三年には紀州の根来寺《ねごろじ》・雑賀衆《さいかしゅう》や四国の長宗我部《ちょうそかべ》氏、越中の佐々成政《さっさなりまさ》、同十五年には九州の島津氏を次々と制圧し、最後まで頑強《がんきょう》に抵抗を続けた関東の北条氏も天正十八年七月五日、ついに降伏した。こうして、秀吉による天下統一事業は完了する。

そして、天正十七年五月二十七日には、側室淀殿との間に待望の男児が誕生した。捨て子はよく育つとの俗信から「棄丸《すてまる》」と名付けられたこの子は、やがて「鶴松《つるまつ》」と呼ばれるようになってゆく。まさに得意絶頂、わが世の春を謳歌《おうか》した秀吉であったが、天正十九年正月二十二日に大和大納言秀長が没する。常に秀吉の傍らにあって豊臣政権を支えた、この弟が亡くなった頃から、黒い影が徐々に秀吉を覆《おお》い始め、同年八月五日には鶴松がわずか三歳でこの世を去ってしまうのである。

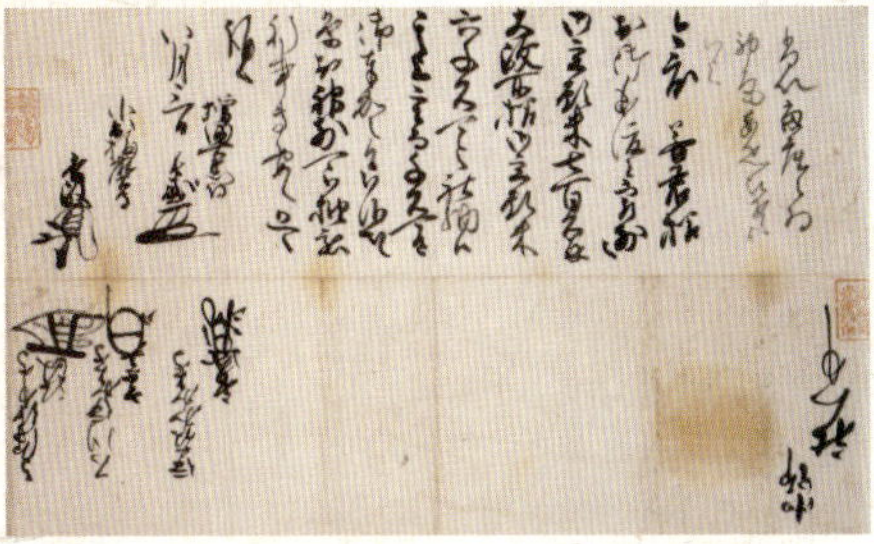

増田長盛等五名連署状　大阪城天守閣蔵

天正19年8月3日付で北野天満宮に宛てた、増田長盛ら豊臣家奉行衆五人の連署状。鶴松が快復するよう祈祷を命じたものであるが、その甲斐もなく、2日後の8月5日に鶴松はわずか3歳で夭逝してしまう

関白秀次と太閤秀吉

五十三歳にしてようやく手に入れたわが子鶴松を、わずか三歳で失った秀吉の深い悲しみは察するに余りある。

再び実子を得ることを断念した秀吉は、鶴松が亡くなってほぼ五ヶ月経った天正十九年（一五九一）十二月二十七日、甥の秀次に関白の座を譲り、自らは「太閤《たいこう》」を称するようになった。秀次は秀吉の姉の子で、秀吉の養子となっていた。また、「太閤」とは、実子に限らず、わが子に地位を譲った前《さきの》関白を指す呼称で、特に秀吉に限ったものではない。

秀吉の大陸侵攻

さて、これより先、秀吉はかねてから口にしていた大陸侵攻計画を実行に移すべく、天正十九年十月十日、肥前名護屋《なごや》に築城を開始していた。そして翌天正二十年三月十三日、諸大名に対して、十六万の兵を九つの軍に編成して渡海するように命を発し、秀吉自らは三月二十六日に京都を出陣して、四月二十五日には名護屋に着陣した。こうして第一次朝鮮出兵（文禄の役）が始まり、日本軍は五月三日に京城《ソウル》、六月十五日には平壌《ピョンヤン》を瞬く間に陥落させた。

この間五月十六日付で秀吉は、関白秀次に宛てて朱印状を送り、大陸征服後の青写真を次のように語っている。

一、大唐都へ叡慮《えいりょ》移し申すべく候。其《その》御用意有るべく候。明後年、行幸たるべく候。然《しか》らば、都廻《まわ》りの国十ヶ国、これを進上すべく候。其内にて、諸公家衆何《いずれ》も知行《ちぎょう》仰せ付けらるべく候。下の衆十増倍たるべく候。其上の衆は人体《じんてい》によるべき事。

一、大唐関白、右仰せられ候如《ごと》く、秀次へ譲らせらるべく候。然らば都の廻り百ヶ国御渡しなさるべく候。日本関白は大和中納言・備前宰相、両人の内、覚悟次第仰せ出さるべき事。

一、日本帝位の儀、若宮・八条殿、何《いずれ》にても相究《あいき》めらるべき事。

一、高麗《こうらい》の儀は、岐阜宰相か、然らざれば備前宰相置かるべく候。然らば、丹波中納言は九州に召し置かるべく候事。

二年後には中国を制圧できるであろうから、そうなったら天皇には北京《ペキン》に遷ってもらい、周辺十ヶ国を献上する。公家たちにもその十ヶ国の内で所領を与えるので、知行はこれまでの十倍にもなるであろう。中国の関白には秀次を命じ、北京周辺で百ヶ国を与える。日本の関白には、秀保《ひでやす》（大和中納言、秀次の末弟で故秀長の養子）か宇喜多秀家（備前宰相）、日本の天皇には良仁《よしひと》親王（若宮）か智仁《としひと》親王（八条殿）を考えている。朝鮮に

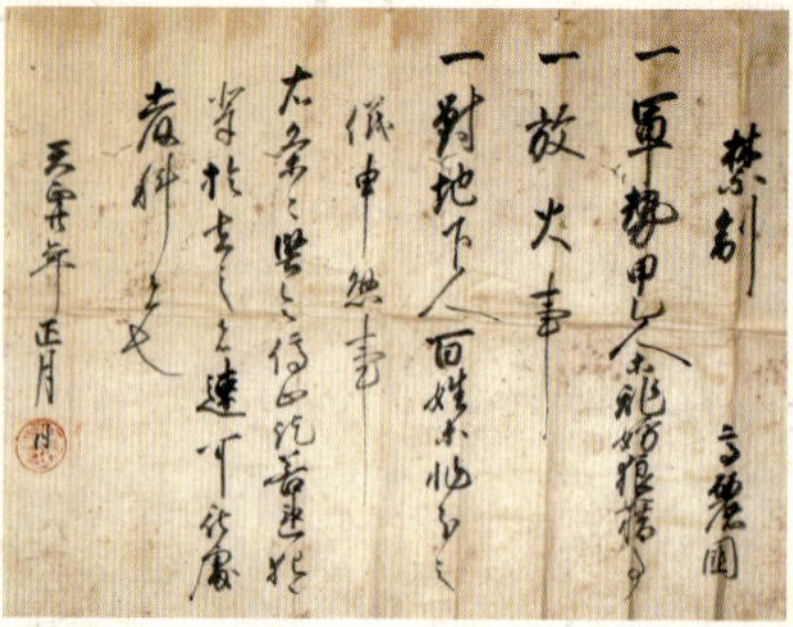

豊臣秀吉朱印禁制　大阪城天守閣蔵

天正 20 年（1592）正月付で出された高麗国宛の禁制。侵攻先の朝鮮において、秀吉軍が乱妨《らんぼう》・狼藉《ろうぜき》や放火などを行わないことを保証したものであるが、もちろん実態はこれと異なった

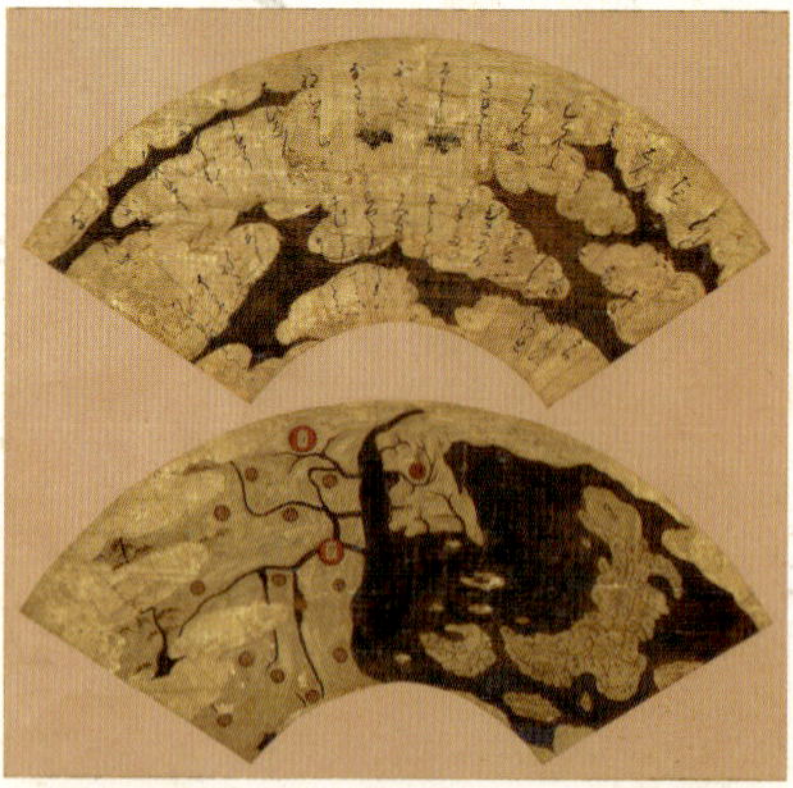

重要美術品　扇面三国図　大阪城天守閣蔵

秀吉所用と伝えられる扇の扇面をはがして表裏を上下二段に表具したもの。上方は、扇の裏面で、中国語の短文とその日本語訳が記され、下方の表面には日本・朝鮮・中国の地図が描かれている

ついては織田秀信（岐阜宰相、織田信長の嫡孫三法師）に任せようと思っているが、難しければ宇喜多秀家がよい。そうなれば、九州には秀勝（丹波中納言、秀次の次弟）を置くことになる。

これが秀吉の大陸征服計画の全容であった。

名護屋城・聚楽第・大坂城

ところで、先にも述べたように、秀吉は第一次朝鮮出兵開始とともに、肥前名護屋城に移っていたが、京都・聚楽第《じゅらくてい》には新たに関白となった秀次が住まいし、大坂城には北政所お祢《ね》がいて、秀吉の留守を守っていた。

豊臣家々臣団も肥前名護屋と京都・大坂の三ヶ所に分かれ、名護屋と京都・大坂の間は人や物資が盛んに行き来した。その際、大坂から名護屋に向かう継船《つぎふね》は必ず関白秀次の発行した朱印状か、あるいは北政所の発行した黒印状を携えねばならず、逆に名護屋から大坂へと向かう継船には太閤秀吉発給の朱印状を携行することが義務付けられていた。

さて、第一次朝鮮出兵が始まってしばらくすると、心労も手伝ったのか、秀吉の母大政所が体調を崩し、重態に陥った。関白秀次は名護屋に急使を派遣して秀吉にその旨を伝えるとともに、諸寺社に病気平癒の祈禱を命じたが、その甲斐もなく、大政所は天正二十年七月二十二日に聚楽第で七十六年の生涯を閉じた。

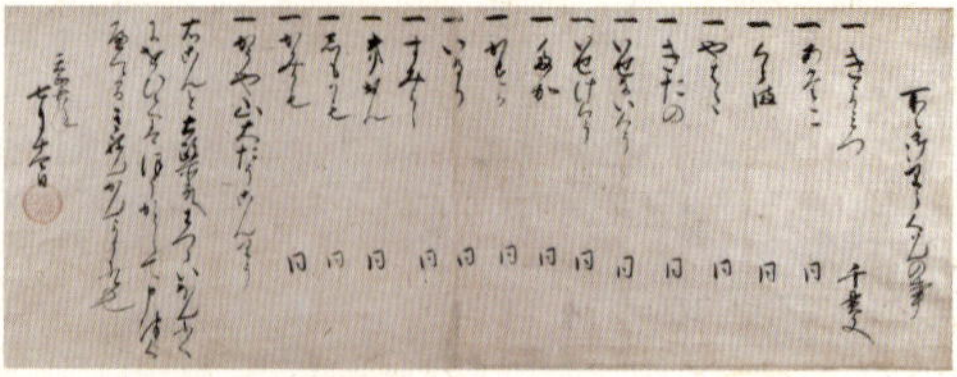

豊臣秀次朱印願文　大阪城天守閣蔵

重病に陥った大政所の本復を願った関白秀次が、清水寺・愛宕山など諸寺社に祈禱を命じた朱印状。天正 20 年（1592）7 月 14 日付で発給されたもので、無事平癒の際には、各寺社に千貫文を寄進すると約束し、高野山には大塔を建立すると誓っている

急報に接した秀吉は、後事《こうじ》を徳川家康と前田利家に託して、急ぎ馳せ戻ったが、間に合わず、最愛の母が既に亡くなったことを知り、悲しみのあまり失神したとも伝えられる。

同年八月四日、秀吉は大政所菩提《ぼだい》のため、高野山に青巌寺《せいがんじ》（現、金剛峯寺）の創建を命じ、八月六日には京都・大徳寺で葬儀を済ませて、翌七日に蓮台《れんだい》野《の》で茶毘《だび》に付した。それから二週間を経た同月二十日、秀吉は京都郊外の伏見に自らの隠居城の築城を命じている。

そして十月一日に、秀吉は大坂を発して再び名護屋へと下向するのであるが、朝鮮半島での戦況は次第に膠着《こうちゃく》状態に陥り、やがて各地で朝鮮義兵が立ち上がって、日本軍は苦戦を余儀なくされるようになっていた。加えて朝鮮水軍の名将李舜臣《イスンシン》が、日本水軍相手に連戦戦勝の快進撃を重ねて制海権を握り、年末には明軍の大将李如松も大軍を率いて着陣し、翌文禄二年（一五九三）正月八日に小西行長軍を破って平壌を回復した。

戦局はすっかり逆転したわけであるが、正月二十六日の碧蹄館《ペクチュグァン》での戦いで小早川隆景が明軍を破って、李如松を戦意喪失に追い込み、久々に一矢《いっし》を報いた形となり、これ以降、日・明両軍で講和をめぐる動きが活発化する。

そうした中、同年八月三日、大坂城二の丸で淀殿が再び男児を産んだ。あきらめていたわが子を得た秀吉は、狂喜して大坂城に戻った。「拾《ひろい》」と名付けられたこの子こそ、のちの秀頼で、秀頼の誕生が秀吉と秀次の間をきわめて微妙なものにしていくのである。

帥《そち》法印《ほういん》歓仲《かんちゅう》書状　大阪城天守閣蔵

西国三十三ヶ所観音霊場の第二十七番札所として名高い書写山円教寺（姫路市）に、淀殿（大坂二の丸様）の安産祈願の祈禱を命じたもの。北政所のもとで大坂城の実務をとりしきった帥法印歓仲が文禄２年（1593）７月８日付で発給した

関白秀次の粛清

秀次事件

文禄二年（一五九三）閏《うるう》九月二十日、太閤秀吉は完成した隠居城の伏見城に移徙《わたまし》を行った。そして翌年正月、秀吉は諸大名に命じて伏見城に惣構《そうがまえ》を築かせ、大名たちの屋敷を伏見城にも置かせている。

天正十一年（一五八三）九月一日に、天下統一の拠点として大坂城が築かれた際、諸大名の屋敷は大坂城下に営まれたが、秀吉が関白となって京都・聚楽第《じゅらくてい》に移ると、大名屋敷もまた聚楽第周辺に移されていた。

秀吉が甥の秀次に関白職を譲り、聚楽第の主《あるじ》が秀次となっても、そうした状況に変化はなかったが、伏見城ができ、その城下にも大名屋敷が置かれるようになったことで、豊臣政権に分裂の兆《きざ》しが見え始めた。

その兆候は、文禄三年十二月に拾《ひろい》（のちの秀頼）が大坂城から伏見城へ移徙を行ったことで、よりいっそう露《あらわ》になる。豊臣政権は、関白秀次の拠《よ》る聚楽第と太閤秀吉・拾の住む伏見城に二極化したわけであるが、こうした事態は当然長続きせず、関白秀次の粛《しゅく》清《せい》という形で決着する。

　文禄四年七月三日、秀吉側近の石田三成・増田長盛ら奉行衆が聚楽第を訪れ、謀叛《むほん》の疑いで秀次を厳しく詰問し、八日には前田玄以らが聚楽第に赴いて秀次を伏見城に呼び出し、木下吉隆の屋敷に留めて関白職を奪い、高野山に追放した。そして十五日、秀次は自害を遂げるのである。

豊臣秀吉朱印状　大阪城天守閣蔵

文禄４年（1595）７月10日付で佐賀藩主鍋島直茂に宛てた朱印状。関白秀次を追放したが、別段かわったこともないので安心するようにと述べている

　八月二日には、秀次の首が曝《さら》された京都・三条河原に、四十人近い秀次の子女妻妾《さいしょう》が召し出され、次々と処刑された。同月中には華麗を極めた聚楽第も破却されてしまい、諸大名は秀吉と拾に忠誠を誓い、豊臣政権は伏見城の太閤秀吉のもとに再び一元化されることとなったのである。

　翌文禄五年（＝慶長元年）閏七月十二日、畿内一帯を大地震が襲い、伏見城も天守以下全壊したが、幸い秀吉の命に別状はなく、早速翌日には同じ伏見の木幡山《こばたやま》に築城を命じている。

この新たな伏見城とは別に、秀吉は翌慶長二年（一五九七）正月に洛中にも新たな城の建設を命じた。当初、下京東部に予定されたこの城は、同年四月に禁裏《きんり》東南の位置に建設地が変更された。

伏見と洛中の二ヶ所で、同時並行で築城工事が行われていたわけであるが、先に工事の始められた伏見城がまず竣工《しゅんこう》して、慶長二年五月四日に秀吉は移徙を行っている。けれど同年九月二十五日、秀吉は入洛《にゅうらく》し、翌日にはわずか五歳の拾が諸大名を従えて、新たに完成なった「京の城」に移徙を行った。そして二日後の九月二十八日、秀吉は拾をともなって参内し、元服した拾は「秀頼」を名乗り、従四位下左近衛権少将《さこのえごんのしょうしょう》に叙せられた。

秀吉の遺言

「京の城」は「秀頼卿《ひでよりきょう》御城《おしろ》」とも呼ばれるようになり、かつての聚楽第にかわる豊臣政権の新たな本拠地となるかに思われたが、翌年体調を崩して重態に陥った秀吉は、次のような遺言を口にした（「豊臣秀吉遺言覚書」）。

一、内府《だいふ》、久々りちぎ（律儀）なる儀を御覧《ごらん》じつけられ、近年御懇《おんねんごろ》になされ候。其故《そのゆえ》、秀頼様を孫むこ（婿）になされ候の間《あいだ》、秀頼様を御取り立て候て給《たま》い候へと、御意《ぎょい》なされ候。大納言《だいなごん》殿・年寄衆五人居《お》り申す所にて、度々《たびたび》仰せ出され候事。

一、大納言殿はおさなともだち（幼友達）より、りちぎ（律儀）を御存知なされ候故、秀頼様御もり（傅）につけさせられ候間、御取り立て候て給い候へと、内府・年寄五人居り申す所にて、度々御意なされ候事。

（中　略）

一、伏見には内府御座候て、諸職御肝煎《おんきもいり》なされ候へと御意候。城々留守は徳善院（前田玄以）・長束大蔵（長束正家）仕《つかまつ》り、何時も内府てんしゅ（天守）までも、御上り候はんと仰せられ候はば、気遣《きづか》いなく上り申すべき由、御意なされ候事。

一、大坂は秀頼様御座《ござ》なされ候間、大納言殿御座候て、惣廻《そうまわ》り御肝

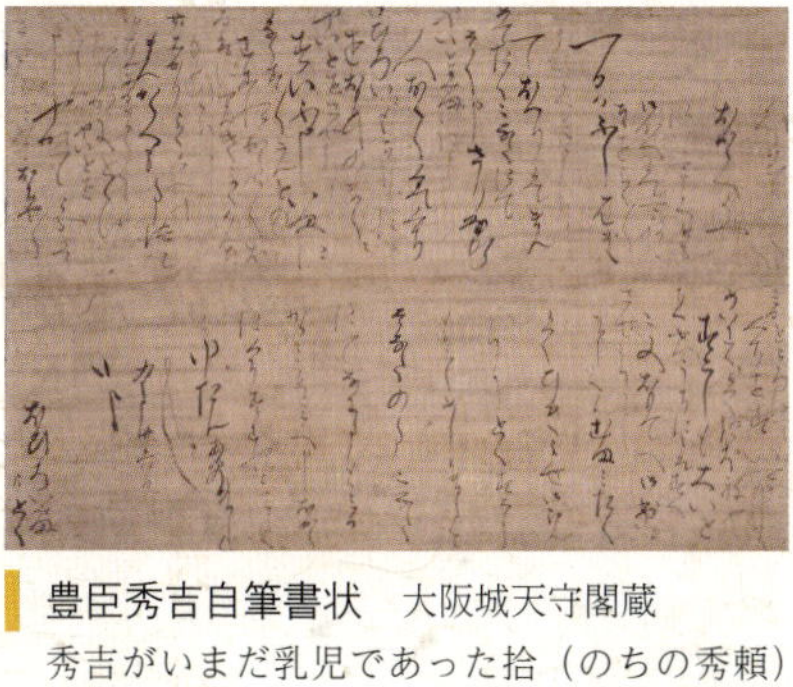

豊臣秀吉自筆書状　大阪城天守閣蔵

秀吉がいまだ乳児であった拾（のちの秀頼）に宛てた自筆の手紙で、署名は「とゝ（父）」と記される。「先日はまわりに人がたくさんいたので、そなたの口を思いっきり吸うことができず、それがいまだに心残りでなりません」などと書かれていて、秀吉の溺愛ぶりがよくうかがえる

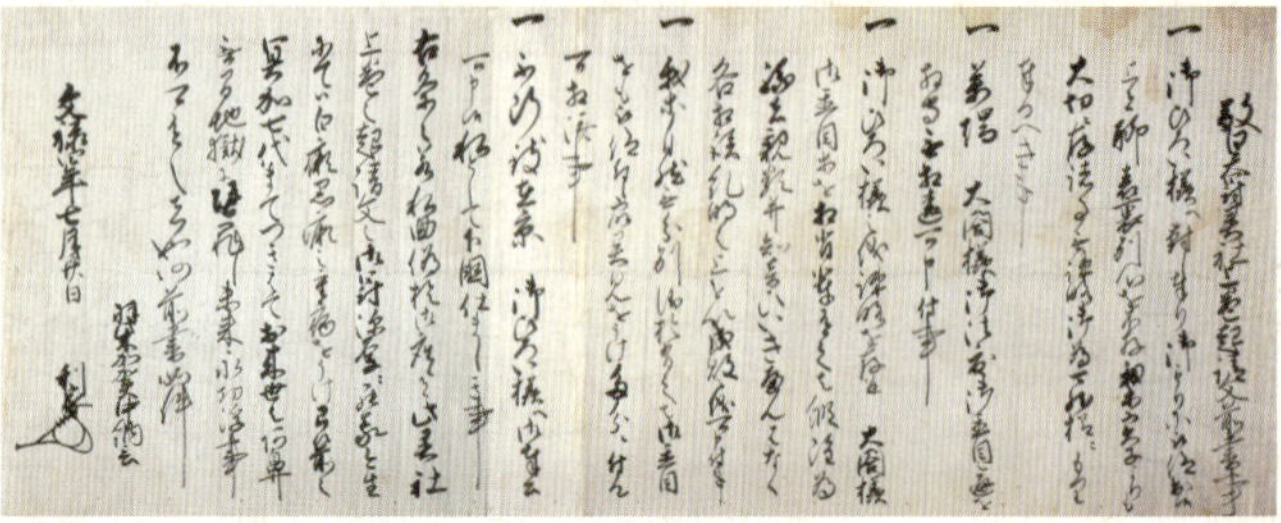

前田利家血判起請文　大阪城天守閣蔵

秀次事件の直後、文禄４年７月20日付で前田利家が提出した誓紙。「御ひろい様」（秀頼）の傅役《もりやく》となった限りは、「御ひろい様」を実子よりも大切に扱います、などと述べ、秀吉と秀頼に忠誠を誓っている

煎り候へと御意なされ候。御城御番の儀は、皆々として相勤《あいつと》め候へと仰せ出され候。大納言殿てんしゅまでも、御上り候はんと仰せられ候はば、気遣いなく上り申すべき由、御意なされ候事。

要するに、自ら亡き後、「内府」こと徳川家康と、「大納言殿」こと前田利家を両輪にして豊臣政権を運営していくように指示した内容であるが、注目すべきは「大坂は秀頼様御座なされ候」と記されるように、秀頼の居城が「京の城」ではなく大坂城に定められたことで、前田利家には秀頼の後見人として大坂城に入るようにと指示し、徳川家康には伏見城にあって天下の政務を掌《つかさど》るように命じている。

併せて、イエズス会の年報（「一五九九―一六〇一年、日本諸国記」）に、「都には暴君太閤様が築いた壮大な伏見城があり、大坂には同じ暴君が築いた日本中で最大で最強の、実に堂々とした城がある。既述のように、これら二つの城内に日本の全領主が、すなわち伏見にはこの都から西域の国々の領主、また大坂には東域の領主が自分の子（秀頼）とともに居住することを命じた」と記されるように、秀吉は伏見城下には西国大名を住まわせ、東国大名には大坂城下に屋敷を置くように命じたのである。

伏見城の家康のもとには豊臣家に親近感を抱く西国大名、大坂城の利家のもとには家康に近い東国大名をそれぞれ置き、互いに監視・牽制《けんせい》させることが秀吉の狙いであった。

徳川家康画像　大阪城天守閣蔵
狩野探幽が描いたと伝えられる徳川家康の肖像画

秀吉の死

大坂築城第四期工事と「大坂町中屋敷替」

重態に陥った秀吉が、わが子秀頼の居城を大坂城と定めたことで、秀吉最晩年の慶長三年（一五九八）六月に大坂城の築城工事があらためてスタートする（第四期工事）。

イエズス会宣教師のフランシスコ・パシオは一五九八年十月三日（慶長三年九月三日）付の「日本年報」で、その間の事情を、「国の統治者が亡くなると戦乱が勃発するのが常であったから、これを未然に防止しようとして、太閤様は（日本中で）もっとも堅固な大坂城に新たに城壁をめぐらして難攻不落のものとし、城内には主要な大名たちが妻子とともに住めるように屋敷を造営させた。太閤様は、諸大名をこうしてまるで檻《おり》に閉じ込めたように自領の外に置いておくならば、彼らは容易に謀叛《むほん》を起こし得まいと考えたのであった」と述べている。

豊臣秀吉木像
大阪城天守閣蔵

この工事により大坂城は最終的な姿として完成する。そして大坂城には、東国大名たちが屋敷を置くこととなり、そこには、いざという場合には豊臣家が人質として取れるように、彼らの妻子が住まわされることとなったのである。

ところで、新たに増強工事が行われた区域には、それまで一般市民も多数住んでいたので、この工事にともない、彼らは強制移住させられることになった。先の「日本年報」には、その時の様子が、次のように記されている。

（大坂城に新しく）巡らされた城壁の長さは三里《レーグア》にも及んだ。その労力に対して支払われる賃金は数千金にも達したが、太閤様はこれについて少しも支払うことはなかった。その区域内には（それまでに）商人や工人の家屋［七万軒以上］があったが、すべて木造だったので、住民自らの手ですべて二、三日中に取り壊されてしまった。［その命令に従わぬ者は皆、財産を没収すると伝えられていた。］ただし（立ち退《の》きを命ぜられた）住民に対しては、長く真《ま》っ直《す》ぐな道路で区分けした代替地が与えられた。そして、それぞれの家屋は軒の高さが同じになるようにして、また檜《ひのき》材――日本における最良の材木――を用いるようにと命令された。この命令に従わなかった者は、地所も（建築に）必要な材木も没収されるということであった。

「大坂町中屋敷替《おおさかちょうじゅうやしきがえ》」と呼ばれたこの強制移転で市民たちが移った先は、上町台地の西側に新たに開発された船場《せんば》（のちの北船場）であった。

これより先、文禄五年（＝慶長元年）閏七月十二日の大地震で、それまで大坂の外港としての役割を果たしていた堺の町が壊滅的な大打撃を被ったため、船場は、それに替わる港湾機能を持つ町として開発された。「船場」という地名には、そういう意味合いが込められていたのである。

この船場開発がきっかけとなって、江戸時代に入ると、南船場・西船場・島之内・堀江が次々と開発され、大坂の市街は大坂城の西側に大きく展開し、大坂三郷の中核を担うようになってゆく。それにともない、天正十一年（一五八三）の築城当初は、大坂城と四天王寺を結ぶ南北ラインが軸であったが、江戸時代には東西軸へと大きな転換を遂げる。

辞世和歌

それはともかく、大坂城で第四期の築城工事が始まって二ヶ月、秀吉は病床から、徳川家康・前田利家ら五大老に対し、「秀頼事、成りたち候やうに、此の書付《かきつけ》の衆として、たのみ申し候。なに事も、此のほかには、おもひのこす事なく候。かしく。返す〲、秀頼事、たのみ申し候。五人の衆たのみ申し上げ候〱。いさい《(委細)》五人の者に申しわたし候。なごりおしく候」（「豊臣秀吉遺言状写」）と、切々と訴え、慶長三年八月十八日、波《は》瀾《らん》に満ちた六十二年の生涯を終えた。

つゆとをち　つゆときへにし　わがみかな　なにわの事も　ゆめの又ゆめ

――早朝の露のようにはかない人生であった、大坂での事も全ての事が夢のまた夢であった。万感を込めて詠じた辞世和歌《じせいのわか》があまりにも有名なため、秀吉は大坂城で亡く

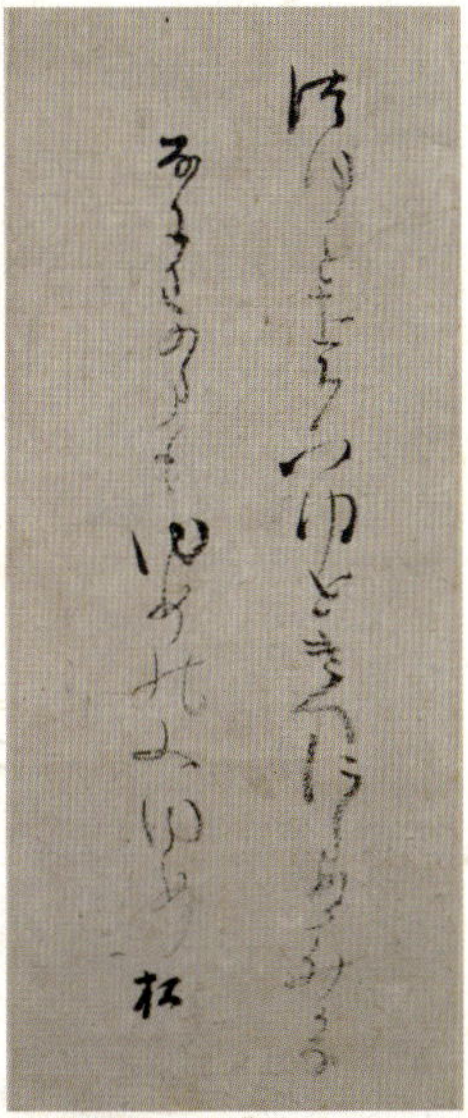

重要美術品　豊臣秀吉
自筆辞世和歌詠草
大阪城天守閣蔵

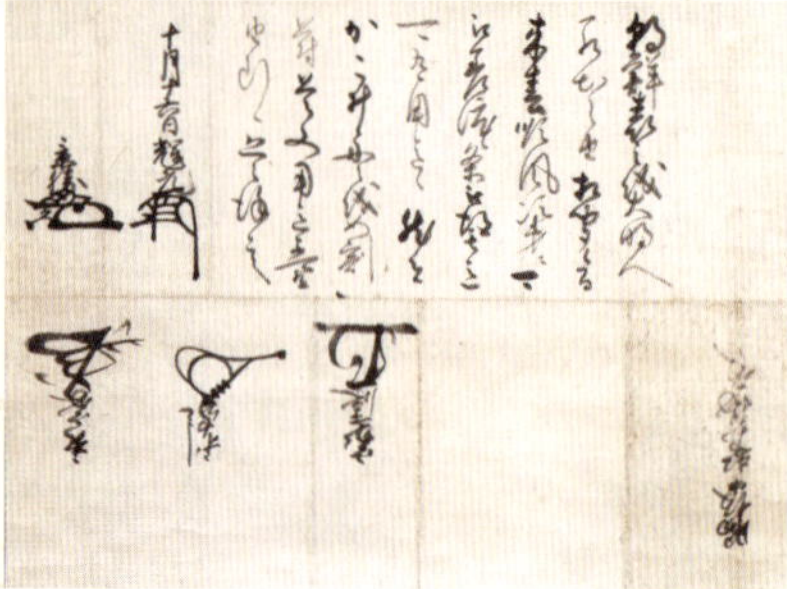

豊臣氏五大老連署状　大阪城天守閣蔵

徳川家康・前田利家ら五大老が、慶長3年（1598）10月16日付で水軍の将脇坂安治に宛てた手紙。朝鮮半島からの撤兵を支援するため、船を準備するよう命じている

なったと思っておられる方が多いようであるが、実際は伏見城内で没した。

ちょうど第二次朝鮮出兵（慶長の役）の真っ最中であったから、秀吉の死が明らかになると、ますます日本軍が窮地に陥るので、これを極秘にしたまま、朝鮮半島からの撤兵が行われた。年内にようやく完了したため、翌慶長四年二月二日に、石田三成ら五奉行は元結《もとゆい》を切り、秀吉の死を公表して、喪に服した。

この間、正月十日に、父秀吉の遺言にしたがい、秀頼が大坂城入城を果たしている。後見人である前田利家もこれに供奉《ぐぶ》して大坂城に入ったが、既にこの頃利家は大きく体調を崩しており、同年閏三月三日、秀吉の後を追うように、利家も六十三年の生涯を終えた。自らの死後は、徳川家康と前田利家を両輪に、互いに監視・牽制《けんせい》をさせながら、豊臣政権を運営していくという秀吉の目論《もくろ》みは、彼の死後一年も経たない内に脆《もろ》くも潰《つい》え去ったのである。

そして、同年九月二十六日、大坂城西の丸にいた北政所お祢《ね》が、かつて「秀頼《ひでより》卿《きょう》御《お》城《しろ》」と呼ばれた京都・三本木《さんぼんき》の屋敷に移り、かわって徳川家康が西の丸に乗り込んだ。家康は、その西の丸に、本丸とは別にもう一つの天守を建設するなど、次第に専横をきわめ、これを厳しく糾弾する石田三成との間で、事態は一気に関ヶ原合戦へと突入する。

慶長五年九月十五日に行われたこの合戦に勝利した家康は、征夷大将軍となって幕府を開き、やがて大坂冬・夏両陣で豊臣家を滅亡に追い込むのである。

本丸の大天守（左）と西の丸に建てられたもう一つの天守（右下）
（重要文化財「大坂夏の陣図屏風」右隻部分）
大阪城天守閣蔵

第2章

大坂の陣の諸相

豊臣秀頼の再評価

平成二十六年（二〇一四）は慶長十九年（一六一四）の大坂冬の陣から四〇〇年、同二十七年には大坂夏の陣から四〇〇年を迎えた。

豊臣秀吉は、慶長三年八月十八日に伏見城内で波瀾の生涯を終えたが、このとき後継者の秀頼はわずか六歳。死に臨んで秀吉は、秀頼を大坂城に移し、天下の政治は五大老筆頭の徳川家康に委ねることを遺言した。その際、秀吉は、秀頼が「統治の任に堪える年齢に達したならば、かならずやその政権を息子（秀頼）に返してくれ」との条件を付けている（フランシスコ・パシオ「一五九八年度日本年報」）。

それから二年。慶長五年九月十五日に関ヶ原合戦が起こる。これに勝利した家康は、慶長八年二月十二日に征夷大将軍となり、幕府を開いた。一般には、この日から江戸時代が始まり、大坂城の秀頼は、徳川幕府のもとで一大名に転落したとされる。

ところが近年の研究の進展により、通説とは異なる豊臣秀頼の実像が浮かび上がって

玉造稲荷神社の豊臣秀頼像
東京芸術大大学美術館所蔵の肖像画を元に作られた

きた。

徳川幕府が成立して以降も、毎年正月になると、勅使以下、親王・門跡・公家らが大坂城を訪れ、秀頼に挨拶を述べた（笠谷和比古『関ヶ原合戦と近世の国制』）。こうした儀礼は、大坂冬の陣が勃発する慶長十九年に至るまで、毎年行われた。

秀頼はまた、東は信濃の善光寺から西は出雲大社にいたるまで、百ヶ所以上の寺社を復興したが、その際、熊野三山では和歌山城主浅野幸長、出雲大社では松江城主堀尾吉晴というように現地の大名を奉行に任じ、工事を担当させている。

こうした事実は秀頼が決して一大名ではなかったことを示している。

秀吉は生前、公家の家格を用い、大名を序列化した。豊臣家は最上位の「摂関家」に列し、徳川や前田・毛利・上杉といった五大老の家はいずれも次位の「清華家」に位置付けられた（矢部健太郎『豊臣政権の支配秩序と朝廷』）。清華家は、太政大臣まで昇進可能であるが、摂政・関白にはなれない家柄である。

こうした家格は徳川幕府成立以降も有効で、秀頼は「摂関家」の当主であったのに対し、家康は「清華家」の当主に過ぎなかったのである。

家康が征夷大将軍に就任した際、同時に秀頼が関白に任官するとの情報が飛び交った（毛利宗瑞書状ほか）。そこには豊臣家の関白と徳川家の将軍が並立するとの当時の認識が示されている。この時は実現しなかったが、慶長十九年の時点で、秀頼は二十二歳。じゅうぶん「統治の任に堪える年齢に達し」ていた。

当時、平戸に商館を置き、日本と交易を行っていたオランダは秀頼を「日本の正当の皇帝」とみなし、「現皇帝」家康が亡くなった場合、家康の嫡子である徳川秀忠か、秀頼のいずれかが次の「帝位に即《つ》く」と考え、双方に贈り物を届けている。ポルトガルも同様の態度をとった。そして、秀頼の声望はきわめて高く、「大諸侯及び平民」の多くが「彼（秀頼）に心服」していると記している（『和蘭東印度商会史』）。

一方、徳川秀忠については、イエズス会宣教師ヴァレンタイン・カルヴァリヨが、「支配者（家康）が既に老齢に達して」おり、「彼（家康）が死ぬと彼の相続者・秀忠も滅びるだろう。そうでなくとも彼（秀忠）は諸侯のあいだで嫌われているので、政権を得られないであろう」と述べ、新たに「支配者になる人」は「秀頼」であると断言している

（一六一四年十二月十八日付書簡）。

こうなると、大坂の陣のイメージがずいぶん変わってくる。あらためて大坂の陣という戦いを見直したい。

真田幸村の生き方

今、戦国武将でいちばんの人気を誇るのが真田幸村（信繁）である。

幸村は信濃国上田城主真田昌幸の次男。兄に信幸（のち信之）がいる。

慶長五年（一六〇〇）の関ヶ原合戦に際して昌幸と幸村が石田三成らの西軍に与《くみ》し、信幸は徳川家康率いる東軍に参加した。昌幸と幸村は中山道を急ぐ徳川秀忠の大軍を上田城に釘づけにし、結果、秀忠は関ヶ原での本戦に遅参した。

けれども、関ヶ原合戦自体は東軍の大勝利に終わり、昌幸と幸村は高野山に配流となった。ほどなく父子は麓の九度山《くどやま》に居を移す。

昌幸は赦免の使者を待ちわびたが、ついに訪れず、慶長十六年六月四日、失意の裡《うち》に六十五歳の生涯を終えた。

昌幸・幸村の九度山での生活は、信之からの合力(仕送り)によって支えられたが、全然足りず、昌幸・幸村は多額の借金に苦しみ、たびたび臨時の合力を催促した。昌幸が亡くなってからは、国許からの音信さえ途絶えがちになり、幸村の生活はいっそう困窮をきわめる。

慶長十九年十月、大坂冬の陣が勃発。九度山に豊臣秀頼の使者が訪れ、幸村は招きに応じて、大坂城へ入城。秀頼から幸村に贈られた「当座」の支度金は黄金二百枚に銀三十貫目(『駿府記』)。今の金額にして、およそ七億五千万円くらいであろうか。

一方で、真田の入城を知った徳川家康は「親か子か、親か子か」と尋ね、戸を持つ手はガタガタ震えたと伝えられ、家臣が「親は病死、子の左衛門佐にて御座候」と答えると、ホッと安堵《あんど》したという(『先公実録』)。これよりすると、天正十三年(一五八五)と慶長五年の二度の上田合戦で徳川の大軍を破った実績はあくまでも父昌幸のものであり、幸村の武将としての評価はまだ未知数であったことがうかがえる。

三光神社の境内に立つ真田幸村像
脇には「真田の抜け穴」と呼ばれる横穴がある

ところが幸村は、慶長十九年十二月四日に行われた大坂冬の陣真田丸の攻防戦で、いかにも真田らしい戦いぶりで徳川方の大軍相手に圧勝する。

一週間後の十二月十一日、家康は徳川家の旗本となっていた幸村の叔父信尹《のぶただ》（昌幸の弟）を使って徳川方への勧誘工作を行う。初め十万石、さらに信濃一国を与えるとの条件を示したが、幸村の答えはノー。九度山で貧困生活に喘《あえ》いでいた幸村を救い出したのは豊臣秀頼であり、そればかりか、秀頼は一つの曲輪（真田丸）を任せてくれた。だから、たとえ日本の半分を与えるといわれても、徳川方に寝返ることはない、と幸村はきっぱりと断っている（『慶長見聞書』『松代真田家譜』）。

一般に幸村については、豊臣家から賜った厚恩に報いるため、負けるとわかっていながら大坂城に入ったとされる。しかし、豊臣家からの厚恩とはいっても、生前の秀吉から賜ったものではなく、幸村は秀頼に対して恩義を感じていたのである。

では、幸村は「負けるとわかっていながら」豊臣方に味方したのであろうか。

一六一四年十二月十八日付の書簡でイエズス会宣教師ヴァレンタイン・カルヴァリヨは「彼（家康）が死ぬと彼の相続者・秀忠も滅びるだろう」と記した。大坂の陣は、「初めから豊臣方が負けるとわかっていた」戦いではなかったのである。

慶長二十年五月七日、幸村は大坂夏の陣最後の決戦で、三度にわたって徳川家康本陣に突撃。家康をあと一歩のところまで追い詰めた。家康さえ倒せば、徳川軍は総崩れになると考えての行動だったのであろう。

幸村の戦いぶりからは、最後まで勝利をあきらめない生き方をこそ読み取るべきではなかろうか。

大坂の陣の残党たち

慶長二十年（一六一五）五月七日、大坂夏の陣最後の決戦で豊臣方が敗れ、大坂城が落城する。翌八日には、焼け残りの櫓に潜んでいた豊臣秀頼と淀殿らが自害し、豊臣家は滅亡した。

けれども、これで大坂の陣が終わったわけではなかった。まもなく苛烈《かれつ》な残党狩りが始まったのである。

五月十二日には秀頼の娘が捕えられた。この娘は助命され、のちに鎌倉・東慶寺で天秀尼という尼僧になるが、秀頼には別に男児があることもわかり、伏見で捕えられた男児国松丸は五月二十三日に京都・六条河原で斬首された。

豊臣方残党の厳しい探索はなおも続いたが、元和三年（一六一七）八月になって幕府は一部方針を転換する。大坂の陣で豊臣方として戦った将士を「古参」と「新参」に分け、「古参」については赦免し、大名は彼らを召し抱えても構わないとの見解を公表したのである。

「古参」は大坂の陣勃発以前から豊臣家に仕えた家臣たちのことで、彼らは主君たる豊臣秀頼の命に従っただけであり、彼ら自身に徳川家と戦う意思があったわけではない、というのが赦免の理由であった。これに対して「新参」は、徳川家と戦うために大坂城に入城した浪人衆であるから、彼らの罪は重く、引き続き探索の対象とした。

その「新参」が赦免されるのは元和九年閏八月であるから、彼らは八年の長きにわたって逃亡生活を余儀なくされたことになる。

淡輪に今も残る、後藤又兵衛の長男・佐太郎の墓碑

ところが、それから二十六年後の慶安二年（一六四九）になって、近江国箕浦（滋賀県米原市）の浄土真宗寺院・誓願寺が豊臣方主将の一人大野治房の嫡男を匿《かくま》い、豊臣方残党と西本願寺が組んで謀叛を企《たくら》んでいるとの訴えがなされた。驚いた幕府は彦根藩主井伊家に治房嫡男宗室（宗説とも）の捕縛を命じ、捕えられた宗室は京都・三条河原で斬首された。大野治房自身が存命であることも判明し、幕府は人相書きを作っ

て捜索にあたらせている。

この箕浦誓願寺事件によって、再び幕府は豊臣方残党の探索に乗り出すことになった。すぐに和泉国淡輪《たんのわ》村（大阪府岬町）にいた後藤又兵衛の長男佐太郎が捕らえられ、大坂代官所に連行されて取り調べを受けた。その際の彼の供述書が残されており（「後藤又兵衛子左太郎申分」）、それによると、豊臣家の要求により人質として差し出され大坂城内に暮らした佐太郎は、大坂落城の際、何とか無事に城から脱出し、四、五日の間、京都・本禅寺（京都市上京区）に身を寄せたのち、幕府の探索を逃れるため、各地を転々としたという。長きにわたる逃亡生活ののち、淡輪村で百姓新左衛門の娘婿になった佐太郎は、二人の男児を儲け、長男は十六歳、次男は十三歳になったと語っている。

佐太郎自身はこの時点で五十四歳、大坂冬の陣の時には十九歳だったというから、慶長元年生まれということになる。佐太郎は大坂代官所からさらに京都所司代のもとへと送られたが、所司代板倉重宗は、佐太郎には幕府への謀叛の意志など微塵《みじん》もないと判断し、淡輪村を出てはならないとの条件を付けて佐太郎を解放した。その言い付けを守った佐太郎は、五年後の承応三年（一六五四）に淡輪村でこの世を去っている。長男正利の建てた佐太郎の墓が今も淡輪に残されている。

この一件で大坂の陣の勇将後藤又兵衛の子孫が淡輪村に住むことは幕府要人の知るところとなった。寛文二年（一六六二）に大坂城代に就任した青山宗俊は正利を召し出し、自らの家臣に加えた。この頃になると、真田幸村や後藤又兵衛の戦いぶり、潔さが高く賞賛されるようになり、彼らに対する評価は「大坂の陣のA級戦犯」から「武士の鑑」へと一変していたのである。

秀頼の生存説

上方講談の十八番といえば、難波戦記《なんばせんき》。大坂の陣を題材とする演目で、クライマックスは徳川家康の死だ。

豊臣方の智将真田幸村は徳川家康の進軍を予想して、平野郷に地雷を仕掛ける。辛うじて難を逃れた家康は葬式駕籠《かご》に身を隠し、大久保彦左衛門らが担いで泉州方面へと逃れるが、途中で運悪く紀州から馳せ戻って来た後藤又兵衛と遭遇。一行に怪しい雰囲気を感じ取った又兵衛は馬上から槍で駕籠を突き刺し、大坂城へと引き揚げた。慌てて彦左衛門が駕籠の中を確認したところ、又兵衛の槍に貫かれた家康は既に息を引き取っていた。彦左衛門は遺骸を堺の南宗寺に運んで丁重な供養を頼み、以後の家康は影武者が務めたというのである。

一方で、豊臣秀頼は、大坂落城の際、真田幸村・大助親子らに守られ、薩摩へと落ちる。この「秀頼の薩摩落ち」は、講釈師が張り扇から叩き出した出鱈目《でたらめ》な話かと思いきや、意外にも大坂落城の直後からそうした噂話が語られた。イギリスの平戸商館長であったリチャード・コックスは、その日記に「秀頼様は生存し、大名の彼に加擔《かたん》するもの多しとの風聞あり」（一六一五年六月十六日条）、「秀頼様は、薩摩或《あるい》は琉球に逃れたりとの報あり」（同年七月二十七日条）、「秀頼様は今尚《いまなお》重臣五六名と共に生存し、恐らく薩摩に居るべしとの風聞一般に行はる」（同年八月十三日条）などと書き留めている。

コックス自身は、そうした噂について、「老人（徳川家康）よりも彼の壮者（豊臣秀頼）に同情するが故に、其《そ》の欲する所を語るに過ぎざるなり」（同年六月二十日条）と喝破《かっぱ》したが、慶長五年（一六〇〇）の関ヶ原合戦の際、西軍の副将であった宇喜多秀家が戦場

豊臣秀頼の墓と伝えられる鹿児島市の石塔。秀頼の生存伝承は徳川幕府を悩ませた

から逃れ、薩摩の島津氏のもとに身を寄せたという事実があったので、「秀頼薩摩落ち」の噂は、当時、かなりの信憑《しんぴょう》性をもって受けとめられた。

『薩州旧伝記』などによると、薩摩に落ちた秀頼は同国谷山郷（鹿児島市上福元町木之下）に住んだといい、平戸藩主松浦静山《まつらせいざん》（一七六〇～一八四一）が著した『甲子夜話《かっしやわ》』によれば、谷山郷には秀頼の子孫と伝える次郎兵衛という百姓がいて、彼の家には鎧《よろい》や太刀などの秀頼遺品が残り、普門寺という寺には秀頼の墓と伝える石塔も存在すると記している。この石塔は現在も同地に残されている。

真田信之の子孫である信州松代藩主の真田幸貫《ゆきつら》（一七九一～一八五二）は、実際に幸村らの「薩摩落ち」について調査を命じており、その報告書を見せてもらった松浦静山は「これに拠《よ》れば、幸村大坂に戦死せしには非《あら》ず」と、「薩摩落ち」を肯定する感想を述べている（『甲子夜話続編』）。

このように「秀頼の薩摩落ち」は後世に至るまで、相当の信憑性をもって受けとめられてきた。
寛永十四年（一六三七）に勃発した島原の乱はそうした噂話を巧みに利用した反乱で、総大将の天草四郎は「平朝臣秀吉」を名乗り、大将格の武将には「明石掃部」や「真田大介」もいた（中川家文書）。豊臣方残党とキリシタンが手を結んでの蜂起という構図は幕府を震撼《しんかん》させたに違いない。慶安二年（一六四九）には豊臣方残党と西本願寺が組んで謀反を企んでいるとの密告がなされ（箕浦誓願寺事件）、同四年には幕府お膝元の江戸で由比正雪の乱（慶安事件）が起こる。首謀者の一人丸橋忠弥は長宗我部盛親の遺児を称した。

慶長二十年五月八日に豊臣秀頼・淀殿らが自刃して豊臣家は滅ぶが、それで大坂の陣が終わったわけではなかった。滅亡ののちも、豊臣家は徳川幕府を悩ませ続けたのである。

第3章

真田幸村と大坂の陣

九度山

慶長五年（一六〇〇）に関ヶ原合戦が勃発した際、信州上田城主の真田昌幸は次男幸村（信繁）とともに石田三成方西軍に与《くみ》し、中山道を上方へと急ぐ徳川秀忠の大軍三万八千余を上田城に釘付けにして、秀忠を関ヶ原本戦に遅参させた。けれども肝腎の本戦は徳川家康率いる東軍の大勝利に終わり、昌幸・幸村は敗軍の将となった。西軍の主将であった石田三成や小西行長同様、昌幸・幸村も処刑されておかしくなかったが、東軍に味方した昌幸の長男信幸（信之）の嘆願によって助命され、高野山に配流となった。昌幸・幸村はいったん、真田家と師檀関係にあった高野山上の蓮《れん》華《げ》定院《じょういん》に身を

真田昌幸と幸村が配流された
高野山蓮華定院
六文銭や雁金紋が各所に使われている

蓮華定院の中庭

寄せ、しばらくして麓の九度山へ身を移した。

昌幸は当初、案外気楽に構えていたようで、長兄信綱の菩提寺である故郷の信綱寺《しんこうじ》住職に宛てた慶長八年三月十五日付の手紙で、「家康公がこの夏には京都から関東にお戻りになるらしいので、その折に本多正信が私のことを申し入れてくれる手筈《てはず》になっている。まもなく高野山（九度山）を出ることができると思うので、その際は直接会ってゆっくりとお話ししたい」と伝えている。家康はこの年二月十二日に征夷大将軍に任じられ、幕府を開いていた。昌幸は家康の謀臣本多正信を通じて自らの赦免工作を行っていたのである。

しかし、昌幸の思いとは裏腹に、昌幸に何度も煮え湯を飲まされてきた徳川家康・秀忠の怒りは相当なもので、昌幸が慶長十六年に九度山で死去した際、上田城主となっていた真田信之が亡父の葬儀を営みたいと本多正信に打診したところ、正信は「父上のお弔いをしたいという気持ちはもっともであるが、父上は『公儀御憚《はばか》りの仁』であるから、ここは控えられた方がよいと思う。貴公のためを思ってこのように申し上げるのである。葬儀は、いずれ公儀から赦免の沙汰があってのち、営まれたらよいのではないか」と回答している（慶長十六年六月十三日付　本多正信書状）。

ところで、昌幸は正室山之手殿を上田に残してきたが、幸村は妻子を伴い、九度山でさらに男児二人、女児三人に恵まれている。昌幸・幸村親子には池田綱重以下十六名の家臣が付き従い、生活は兄信之から送られてくる「毎年の合力（仕送り）」によって支えられた。しかし、それだけでは賄いきれず、昌幸はたびたび「臨時の合力」を催促している。年未詳正月五日付の手紙で昌幸は、催促していた「臨時の合力」四十両の内、二十両が昌幸四男昌親から届いたことを喜びながらも、多額の借金に苦しんでいるので、少しでも早く残りの二十両を送って欲しいと頼んでいる。ちなみに一両を現在の三十万円とすると、四十両で一二〇〇万円になる。

そして、年未詳三月二十五日付の手紙で昌幸は、「ここ一、二年でずいぶん齢をとり、気力も失せ、ほんとうにくたびれてしまった」と弱音を吐き、「幸村も長年の山村住まいで、何事をするにも不自由な環境にいることを推察して欲しいと言っている。幸村も

真田昌幸・幸村父子が蟄居生活を送った真田屋敷跡に建つ真田庵

（和歌山県九度山町）

真田庵にある昌幸の墓所

（和歌山県九度山町）

『大くたびれ者』になってしまった。現実は想像以上に厳しい」と、信之に書き送っている。

九度山での生活は、このように辛く厳しいもので、慶長十六年六月四日には昌幸が失意の裡に六十五年にわたる波瀾万丈の生涯を終えた。

昌幸死去にともない家臣のほとんどが九度山を引き揚げ、上田に戻って信之の家臣に復帰した。前藩主で、藩主信之の父である昌幸が存命であったから毎年多額の「合力」や「臨時の合力」が上田から届けられたが、昌幸が亡くなるとそれもわずかになり、上田からの音信も途絶えがちになった。

信之家臣木村綱茂に宛てた年未詳極月晦日付の手紙で、幸村は、兄信之が徳川幕府に重用されていることを喜びつつ、「九度山での生活は何もかもが不自由で、この冬はひとしお寒さが堪える。こちらの惨状を察して欲しい」と必死に訴えた。

また年未詳二月八日付で姉村松殿の夫小山田茂誠《おやまだしげまさ》に宛てた手紙では、「去年から俄かに齢をとり、病気がちになり、歯も抜け、髭も真っ白になった」と身上を語り、「もはや御目に懸り候事あるまじく候哉《や》」と嘆き悲しみ、「今一度、面上を遂げたく存じ候」と未練を滲《にじ》ませた。九度山で朽ち果てるしかない自身の運命に苦悩する幸村の心情が見て取れる。

父の死後、幸村は剃髪して「好白斎《こうはくさい》」を名乗ったが、零落《れいらく》したその姿は「物乞い同然であった」とも伝えられる(『慶長見聞書』)。そんな幸村のもとに、豊臣秀頼から大坂入城を促す使者が訪れたのである。

大坂入城

京都・東山の大仏殿（のち方広寺）の大鐘に刻まれた「国家安康」「君臣豊楽」という銘文に、徳川家康が、これは家康を呪詛《じゅそ》する不吉の文言であるとクレームをつけたことで豊臣家と徳川家の間に俄かに緊張が走った。豊臣秀頼の使者として片桐且元が駿府に派遣され、懸命に弁明に努めたが、家康は面会さえ許さなかった。大坂に戻った且元は、家康の怒りを鎮めるためには、

- 秀頼が江戸に参勤する。
- 淀殿が人質として江戸に下る。
- 秀頼が大坂城を明け渡して国替えに応じる。

のいずれかしか方法はない、と復命したため、徳川家への内通を疑われた且元は、慶長十九年（一六一四）十月一日、大坂城を出て摂津・茨木城へと退去した。そしてこの日、

家康が近江・伊勢・美濃・尾張などの諸大名に大坂攻めを命じ、大坂冬の陣が勃発した。

大坂城には秀頼の招きに応じて続々と浪人武将が入城した。そうした上方の情勢は京都所司代の板倉勝重が書状にしたため、連日飛脚を使って家康のもとに届けた。

家康の側近が記した『駿府記』には、板倉勝重が報せてきた内容が以下のように記されている。「大坂城では城の構えをいっそう堅固にし、たくさんの浪人を抱え入れて、籠城支度を急ぎ進めている」（慶長十九年十月五日条）、「大坂城ではいよいよ籠城の支度を進めており、城内から多くの金銀を取り出して大坂周辺の米を買い占め、武器・武具を城内に運び込んでいる。たくさんの番匠《ばんしょう》（大工）たちが働き、惣構《そうがまえ》に壁を付け、櫓《やぐら》・井楼《せいろう》も建てている」（十月十一日条）。

十月十二日条には、去る六日・七日に長宗我部盛親・後藤基次（又兵衛）・明石全登（掃部《かもん》）らをはじめとする千人余りの浪人衆が大坂城に入ったとあり、十四日条には真田幸村（信繁）の入城が記される。幸村に関しては、「この者は関ヶ原合戦で敵方についたため、ご勘気を蒙り、数年間、

真田幸村が九度山脱出の際に使ったとされる「真田の抜け穴」
（和歌山県九度山町）

紀伊国（和歌山県）と河内国（大阪府）の国境、紀見峠（和歌山県橋本市）

高野山（九度山）に蟄居《ちっきょ》していたが、このたび秀頼が当座の支度金として黄金二百枚、銀三十貫目を与えて大坂城に招いた」との情報が記されている。黄金一枚が十両であるから、一両が三十万円とすると、黄金二百枚で六億円。銀一匁を五千円とすると、一貫目は千匁であるから、三十貫目で一億五千万円。総計で七億五千万円ということになり、幸村一人、しかも当座の支度金でこれほどであるから、当時の豊臣家の財力には驚くしかない。

　徳川幕府の正史である『徳川実紀』には、幸村の九度山脱出の様子が次のように記される。

　和歌山城主の浅野長晟《ながあきら》は、九度山ならびに近在の村人に命じて、幸村が大坂城に入城しないように厳しく監視させていたが、ある日幸村は謀《はかりごと》をめぐらし、近在も含めて数百人の村人を屋敷に招き、盛大に酒宴を催して村人たちを散々に酔わせた。彼らが泥酔して眠りこけている裡《うち》に、幸村は近在の者が乗ってきた馬を奪って背に荷物を載せ、妻子は駕籠に乗せて、家臣を従え、九度山を出た。村人たちが目を覚ますと、幸村以下の姿が真田屋敷から忽然《こつぜん》と消えていた。

松代藩真田家が編纂した同家の正史『先公実録』によると、真田幸村が九度山を脱出したとの報せを受けた浅野家では、すぐに家臣たちが大勢で九度山に駆けつけ、懸命に探索したものの、既に幸村一行の姿はどこにもなかったという。主のいない真田屋敷はただ木枯《こが》らしが吹きすさぶばかりで、浅野家家臣らが「真田はいつ出ていったのか」と尋ねると、村人から「もう三日も前のことです」との答えが返ってきたため、それなら今更探したところで見つかるまい、と家臣らはあきらめて帰っていった。けれども、実は幸村一行が九度山を出たのは「三日前」ではなく「三刻（六時間）ばかり前」に過ぎず、村人は嘘をついて幸村一行の脱出を助けたのだという。九度山の人々が幸村に好意を寄せていたことを示す逸話である。

幸村の脱出ルートについては、『徳川実紀』に九度山から「紀伊川」（紀ノ川）を渡って橋本（和歌山県橋本市）に出、「木目峠」（紀見峠）を越えて河内国に入ったとあるが、これだといちばんの幹線である高野街道を通ったことになり、果たして人目につきやすい

紀見峠に建つ高野街道の道標　（橋本市）

真田橋　（大阪府和泉市父鬼町）
真田幸村一行はこの地点で父鬼川を渡ったと伝えられる

紀見峠付近の高野街道　（橋本市）
奥の赤い屋根が峠の茶屋

このルートを使ったのか、疑問が残る。ほかに、風吹峠を越えたとする説や、鍋谷峠を通ったとする伝承もある。鍋谷峠を越えた大阪府和泉市父鬼《ちちおに》町にはこの伝承に因《ちな》む「真田橋」が存在する。

いずれにせよ真田幸村はまんまと浅野家の監視の目を掻《か》い潜《くぐ》り、勇躍大坂城への入城を果たしたのである。

紀伊国（和歌山県）**と和泉国**（大阪府）**の国境、鍋谷峠**（和歌山県かつらぎ町）

真田丸

大坂城に入城した真田幸村（信繁）は、もとは土佐一国の太守であった長宗我部盛親、豊前小倉六万石の城主毛利勝信の嫡男で自身も豊前国内で一万石を領した毛利勝永とともに、「大坂三人衆」の一人に数えられ、筑前福岡藩主黒田長政の重臣で一万六千石を領した筑前大隈城主の後藤基次（又兵衛）、宇喜多秀家の家老で三万三千石を領した明石全登（掃部《かもん》）を加えて「大坂五人衆」とも呼ばれた。

大坂城は、豊臣秀吉が「摂州第一の名城」（『足利季世記』）といわれた大坂（石山）本願寺以来の構えを利用して築いた城である。十年の長きにわたった「石山合戦」の末、織田信長が本願寺跡を手に入れ「大坂城」として用い、本能寺の変後は池田恒興が大坂城を領有していた。賤ヶ岳合戦で柴田勝家を破った秀吉は、池田恒興に大坂城の明け渡しを要求し、天正十一年（一五八三）六月に大坂城に入った。同年九月一日から築城工事を開始して、天正十三年四月頃には五層の大天守が竣工している。イエズス会宣教師ルイス・フロイスは秀吉の大坂築城に関して、「悉く旧城の壁及び堀の中に築かれたが、

三光神社（大阪市天王寺区）境内には真田幸村が城内との行き来に使ったという「真田の抜け穴」跡がある

三光神社境内に建つ真田幸村の銅像

幸村は鹿角の兜を被り、采配を振るう

古い部分も皆改築して、堡塁及び塔を附し、其の宏大・精巧・美観は新しい建築に匹敵している」との感想を記した（一五八五年十月一日付書簡）。フロイスは信長の安土城を「その構造と堅固さ、財宝と華麗さにおいて、それらはヨーロッパのもっとも壮大な城に比肩し得る」（フロイス『日本史』）と評したが、そのフロイスが秀吉の大坂城については、「信長が安土山に於て造りたるものに比して、二、三倍宏壮華麗なり」（一五八四年一月二十日付書簡）、「建築の華麗さと壮大さにおいては安土山の城郭と宮殿を凌駕した」（フロイス『日本史』）と記した。

この時点で大坂城はまだ第一期工事を終えただけで、その後秀吉はさらに二期から四期まで大坂城の拡張工事を行ない、最終的には本丸・二の丸・三の丸で構成され、周囲を惣堀が取り巻く城が完成する。総面積は約五〇〇万平方メートルで、現在の特別史跡大坂城跡の七倍に及ぶ。

まさに難攻不落の巨大城郭ができあがったわけであるが、真田幸村の眼には、この大坂城にも弱点が見えた。当時、大坂城の西側にはすぐ近くまで海が迫り、北には淀川・大

心眼寺の山門から見た明星学園のグラウンド
（大阪市天王寺区）
現在の明星学園の敷地が「真田丸」だった

心眼寺山門前に建つ「真田幸村出丸城跡」の石碑
明星学園の東に隣接する心眼寺は真田幸村・大助親子の菩提寺と伝える

和川の二大河川が合流し、東側には大和川が幾筋にも分かれて流れ広大な湿地帯が広がっていた。ただ、南方だけは平坦な陸地が続き、惣堀も南側のみ水の入らぬ空堀であった。この南側こそ大坂城の弱点であり、徳川方の大軍が攻めて来るならば、南側からしか考えられなかったので、幸村はここに出丸を築いたのである。

明星学園のすぐ西側にある圓珠庵の境内には真田幸村が戦勝を祈願したと伝えられる鎌八幡が祀られる　（大阪市天王寺区）

この出丸は「真田丸」と呼ばれることになるが、その構築にあたっては、後藤基次との間にひと悶着《もんちゃく》あったと伝えられる。

『落穂集』によると、「真田丸」の場所に先に出丸を築こうとしたのは後藤基次で、基次は既に縄張りを済ませ、建設用の材木まで用意して置いてあったのに、幸村はそれを無視して出丸を築いたという。基次は激怒し、軍勢を率いて幸村から取り戻すと息巻いたので、薄《すすき》田《だ》兼相《かねすけ》（隼人正《はやとのしょう》）や明石全登（掃部《かもん》）・山川賢信・北川宣勝らの諸将が懸命に宥《なだ》めたと伝えられる。

ちょうどそんな折に真田幸村に徳川方への内通の疑惑がもちあがった。幸村の兄信之は徳川四天王の一人本多忠勝の娘小松姫を徳川家康の養女として正室に迎えており、また叔父の信尹《のぶただ》は徳川家の旗本であり、御使番を務めていた。そうした関係から、幸村は徳川軍を大坂城内に迎え入れるために出丸を築くのではないか、と疑われたのである。

豊臣秀頼の側近で城中第一の実力者にのしあがっていた大野治長がこの件について、後藤基次に意見を求めたところ、基次は「いわれなき噂に過ぎません。真田殿はその武功といい、お家柄といい、人格といい、これほどの人物はありません。内通など、決してなさる方ではなく、むしろそのような噂を流す人物こそ怪しいのではないでしょうか。真田殿はこのたびの合戦で敵の矢面に立つ覚悟で出丸を築かれるとお見受けします」と回答して、幸村を擁護したと伝えられる（『後藤合戦記』）。

つまるところ、『落穂集』に語られる幸村・基次対立の逸話は、両人ほどの名将ともなれば、同じように大坂城の弱点を見抜くことができたということを表しているのであろう。

さて、この「真田丸」であるが、元禄年間（一六八八～一七〇四）に作製された大坂三郷町絵図には「真田出丸跡」と明確に場所が示されている。それによると、今の明星学園敷地が「真田丸」の故地ということになるが、現在は削平されてグラウンドになってしまっており、江戸時代に「真田山」と呼ばれた面影《おもかげ》は全く失われてしまっている。

大坂冬の陣

慶長十九年（一六一四）十月十一日、大御所家康が駿府城を出陣。二十三日に京都・二条城に入った。この日、二代将軍秀忠が江戸城を発ち、十一月十日に伏見城に入った。家康・秀忠は十一月十五日に、それぞれ二条城・伏見城を出発。家康は大和路、秀忠は河内路を進み、大坂へと向かった。家康は十七日に住吉（大阪市住吉区）に到着し、住吉大社社家の津守氏宅に本陣を構えた。一方、秀忠の方は同じ十七日に平野（大阪市平野区）に本陣を構えている。二人は翌十八日に茶臼山（大阪市天王寺区）で会い、藤堂高《とうどうたか》虎《とら》・本多正信を交えて軍議を行った。翌日、本格的な戦闘が始まる。徳川方の蜂須賀至《はちすかよし》鎮《しげ》隊が豊臣方の木津川口（大阪市浪速区）の砦《とりで》を攻め落とし、伝法川口（大阪市此花区）では九鬼守隆《くきもりたか》・小浜光隆《おはまみつたか》・向井忠勝《むかいただかつ》らの徳川方水軍が豊臣水軍を破り、大坂湾の制海権を握った。

続いて十一月二十六日には鴫野《しぎの》・今福《いまふく》合戦が行われ、今福（大阪市城東区）では後藤《ごとう》基次《もとつぐ》（又兵衛）が噂に違わぬ戦いぶりで、徳川方の佐竹義宣《さたけよしのぶ》隊を壊滅させたものの、大和川対岸の鴫野（大阪市城東区）では直江《なおえ》兼続《かねつぐ》率いる鉄砲隊の活躍で、徳川方の上杉景勝隊が豊臣方の鴫野砦を落とし、余勢をかって今福砦をも手中に収めた。さらに十一月二十九日には蜂須賀至鎮らが、守将薄《すすき》田《だ》兼相《かねすけ》（隼人正《はやとのしょう》）の留守に博労《ばくろう》ヶ淵（大阪市西区）の砦を落とし、同日、野田・福島（大阪市福島区）でも九鬼守隆らが豊臣方を撃破した。

こうして、徳川方は豊臣方が城外に設けた出城（砦）を次々と陥落させ、ついに徳川方二十万の大軍が大坂城惣堀の周囲を取り巻くにいたったのである。

真田丸の攻防戦はこういう状況下で、十二月四日に行われた。真田幸村（信繁）は父昌幸譲りの得意の戦法で、前田利常・松平忠直・井伊直孝・藤堂高虎らの大軍を真田丸にじゅうぶんに引き付け、散々に手玉にとって、大勝利を得た。

若宮八幡宮（大阪市城東区）境内に建つ佐竹義宣本陣跡の石碑

大阪市立城東小学校に建つ鴫野古戦場跡の石碑

この真田丸の攻防戦のあった日、将軍秀忠は本陣を平野から岡山（大阪市生野区）に移し、二日後には家康が住吉から茶臼山に本陣を移している。

そして家康は、十二月十一日に真田幸村に対し、勧誘工作を行った。使者に立ったのは幸村の叔父信尹《のぶただ》で、家康は「徳川方に寝返るのであれば、十万石を与えよう」と条件を提示した。これに対する幸村の返答は次のようなものであったと伝えられる。

「私は長らく浪人生活を強いられ、物乞い同然の暮らしを続けておりました。そうした境遇から救い出してくださったのが秀頼公であり、しかも秀頼公は私にひとつの曲輪《くるわ》（真田丸）の差

野田城跡の石碑（大阪市福島区）
野田城は戦国期からの城郭で、大坂冬の陣では豊臣方が出城として用いた

生玉寺町の増福寺（大阪市天王寺区）**にある薄田兼相の墓**
薄田兼相は留守中に博労ヶ淵の砦を落とされ、強そうに見えるが、実際には役に立たないとして「橙《だいだい》武者」と揶揄されたという

配までお任せ下さったので、武将としての誇りを取り戻すこともできました。そんな大恩を賜った秀頼公を裏切ることなどできるはずがありません」。信尹がその通りに復命すると、今度は「信濃一国」という条件があらためて示されたが、幸村は「まだおわかりにならぬか」とたいそう腹を立てたという（『慶長見聞書』）。

また松代藩真田家の『真田家譜』には、信尹が幸村に徳川方への寝返りを勧めると、幸村は「我が命は既に秀頼公に差し出しておりますので、たとえ日本の半分をくださるとおっしゃられても、私が徳川方に味方することはありません」と、きっぱり断ったと記される。

一般に真田幸村は、生前豊臣秀吉から賜った厚恩に報いるべく、大坂城に入ったとされる。しかし、実際には秀吉ではなく、九度山での辛く厳しい生活から救い出してくれた豊臣秀頼に対して、幸村は恩義を感じていたのである。

ところで、幸村が大坂城に入った当初、家康は「真田、大坂城に入城」との急報に接し、「親か子か、親か子か」と慌てふためき、戸を持つ手がガタガタ震えたと伝えられる。家臣が、「父昌幸は既に亡くなり、入城したのは息子の幸村です」と返答すると、家康はホッと胸を撫《な》で下ろし、「安堵」したと伝えられる（『先公実録』）。

これよりすると、第一次上田合戦（神川合戦）で徳川家康を破り、第二次上田合戦で徳川秀忠を翻弄した実績は全て父真田昌幸のものであり、大坂入城の時点で、真田幸村の武将としての実力は未知数であったことがわかる。ところが、真田丸の攻防戦における戦いぶりで、幸村はその実力を満天下に示した。家康の幸村への勧誘工作は幸村の武将としての評価がそれほどまでに高まったことを意味している。

真田丸での勝利により豊臣方は形勢を挽回した。十二月十七日未明には塙直之《ばんなおゆき》（団《だん》右《う》衛門《えもん》）が徳川方の蜂須賀至鎮隊に夜襲をかけて勝利し、直之は「夜討ちの大将」として勇名を馳せた。ところが、その矢先、翌十八日に両軍の間で講和交渉が始まり、十九日にははやくも妥結。二十二日には両軍の間で誓詞の交換も済み、冬の陣は終結を迎えたのである。

本町橋（大阪市中央区）
塙直之はこの橋を渡り、蜂須賀至鎮隊に夜襲をかけた

大坂夏の陣・道明寺合戦

慶長十九年（一六一四）十二月二十二日、豊臣・徳川双方が、

- 大坂城は本丸のみを残して二の丸・三の丸は破壊する。
- 淀殿を人質として取るようなことはしない。
- 豊臣方の将大野治長《おおのはるなが》・織田有楽《うらく》の二人から人質を差し出す。

という三つの条件を互いに確認して和睦が成立し、大坂冬の陣は終わった。徳川方は大坂城の惣堀を埋め、一気に二の丸・三の丸をも壊平し、大坂城は本丸だけを残す「裸城《はだかじろ》」となる。金地院崇伝《こんちいんすうでん》は細川忠興《ただおき》宛の手紙に、「大坂之城、堀埋まり本丸計《ばか》りにて浅間《あさま》しくなり、見苦しき体にて御座候」と記している（『本光国師日記』）。こうして束の間の平和が訪れた。

ところが、三月に入ると、家康のもとに、大坂城では外郭に塀や柵を設け、堀を掘り

返し、浅いところでも腰、深いところでは肩を越すまでになっており、頻《しき》りに再軍備を進めているとの情報がもたらされた。激怒した家康は、

・豊臣秀頼が大坂城を出て大和あるいは伊勢に移る。

もしくは、

・召し抱えている浪人衆を全員城外に追放する。

の、いずれか一つを速やかに実行せよと強硬に迫った。

秀頼の使者青木一重《かずしげ》や、淀殿の使者常高院《じょうこういん》（淀殿の妹お初）・大蔵卿局《おおくらきょうのつぼね》（大野治長の母で、淀殿の乳母）らが懸命に弁明したが、家康に取りつく島はなく、事態は大坂夏の陣へと突き進む。

四月六日、家康は諸大名に京都南郊の伏見・鳥羽方面への集結を命じ、自身は四月十八日に二条城に入り、二十一日には将軍秀忠が伏見城に入った。家康・秀忠は、五月五日にそれぞれ二条城・伏見城を出陣したが、その際家康は、「今度の大坂攻めは手間が

かからないので小荷駄《こにだ》の必要はない。三日の腰兵粮《こしびょうろう》で十分だ」と語っている（『大坂御陣覚書』）。

これより先、四月二十九日には、和歌山城主浅野長晟《ながあきら》隊五千の北上を阻止すべく、大野治房《はるふさ》率いる二万の大軍が泉州方面に繰り出したが、塙直之《ばんなおゆき》（団右衛門）と岡部則綱《のりつな》（大学）の無用な先陣争いが仇《あだ》となり、泉南・樫井（大阪府泉佐野市）で行われた合戦で塙直之が討死を遂げ、豊臣方は手痛い敗北を喫した。

樫井古戦場跡の石碑（大阪府泉佐野市）

京都を発した徳川軍は、奈良から法隆寺を通って河内の国分《こくぶ》（大阪府柏原市）へと進軍する大和方面軍と、八幡《やわた》（京都府八幡市）から信貴《しぎ》・生駒《いこま》の山裾を国分へと向かう河内方面軍の二手に分かれ、国分付近で両者が合流し、大坂城へと進む手筈《てはず》になっていた。

これに対し豊臣方では、大和方面軍が進軍して来る法隆寺と国分の間は大和川沿いの関屋越《せきやごえ》・亀ノ瀬《かめのせ》越《ごえ》の隘路《あいろ》であるため、さしもの大軍も細長い隊列と

玉手山公園内に建つ後藤又兵衛基次の石碑
（大阪府柏原市）

小松山古戦場跡の石碑
（大阪府柏原市）

なって進まねばならず、豊臣方の軍勢が先に国分付近に着陣して迎撃すれば十分勝機があると踏んだ。先鋒を命ぜられた後藤基次（又兵衛）は大坂城を出て平野《ひらの》郷（大阪市平野区）に本陣を置いたが、決戦を翌日に控えた五月五日、その後藤基次の陣所に真田幸村（信繁）・毛利勝永が集って軍評定《いくさひょうじょう》を行い、後藤・真田・毛利の軍勢が夜中の内に玉手山《たまてやま》丘陵北端に位置する小松山を越え、家康・秀忠両本陣まで突入することを決めた。「家康公御父子の御験《みしるし》を我々が手に懸け候か、我等三人の首を家康公実見《じっけん》にかけるか、二ツ一ツ候べし」と誓い合い、「最後の盃《さかずき》」を交わした三人は、「明日の一番鳥に道明寺にて出会い申すべし」と約束して、各々涙を流しながら、それぞれの陣所へと戻って行ったと伝えられる（『北川覚書』）。

ところが翌朝、先鋒の後藤基次が道明寺（大阪府藤井寺市）に到着すると、既に伊達政宗・松平忠輝・松平忠明・本多忠政・水野勝成ら徳川方の大軍が国分に着陣していたため、基次は後続の真田幸村・毛利勝永らの到着を待たずに開戦を余儀なくされた。圧倒的な大軍相手に、基次は獅子奮迅の戦いぶりを見せ、一時は小松山の頂上を占領して優勢となったが、結局は衆寡敵《しゅうかてき》せず、壮絶な最期を遂げた。

後藤隊を撃破した徳川軍は玉手山丘陵を越えて石川を渡り、道明寺から誉田《こんだ》（大阪府羽曳野市）一帯に大きく展開した。豊臣方ではさらに薄田兼相《すすきだかねすけ》（隼人正）が討死を遂げたが、昼過ぎになってようやく真田幸村隊が到着し、誉田廟《こんだびょう》（応神天皇陵・誉田八幡宮）付近に陣を布いた。この日は霧が深く、そのため真田隊の着陣が大幅に遅れたと伝えられる。

誉田八幡宮境内に建つ誉田林古戦場の石碑
（大阪府羽曳野市）

真田隊は伊達政宗隊と激突してこれを撃退したが、そこに城中から使番《つかいばん》が訪れ、退却を命じたので、幸村は殿軍《しんがり》を務め、大坂城へと引き返した。その際幸村は、「関東勢百万も候え、男は一人もなく候」と敵を挑発しながら、悠々と引き揚げたと伝えられる（『北川覚書』）。途中、幸村は志紀長吉神社（大阪市平野区）に立ち寄り、翌日の戦勝を祈願して刀剣と軍旗を奉納したといい、今も六連銭軍旗が同社に伝存する。

真田幸村隊が大坂城へ引き揚げの際に通った古市街道
（大阪市平野区川辺）

志紀長吉神社の近くにある真田幸村休憩所跡
（大阪市平野区）

大坂城へ引き揚げる途中で真田幸村が戦勝を祈願し、六連銭の軍旗を奉納したと伝える志紀長吉神社
（大阪市平野区）

天王寺公園内にある茶臼山（大阪市天王寺区）
大坂夏の陣最後の決戦の日、真田幸村はここに本陣を置いた

大坂夏の陣・最後の決戦

慶長二十年（一六一五）五月七日、大坂夏の陣最後の決戦となったこの日、真田幸村（信繁）は茶臼山に陣を布いた。『難波《なにわ》戦記』は幸村の出で立ちを「真田其日の装束には、緋縅《ひおどし》の鎧《よろい》に抱角《だきづの》打ったる甲撚《かぶとより》附《つ》けて猪首《いくび》に著《き》なし、河原毛《かわらげ》の馬日頃秘蔵しけるに、紅《くれない》の厚総《あつぶさ》の鞦《しりがい》懸《か》け、金を以て六文銭打ったる木地の鞍置いてぞ乗ったりける」と記している。赤備《あかぞなえ》の真田隊が茶臼山に陣取る様は、まるで躑躅《つつじ》の花が咲いたように色鮮やかであったという（『先公実録』）。

真田隊のすぐ東側、四天王寺には「大坂五人衆」の一人毛利勝永が陣取り、この日の戦いは毛利勝永隊と徳川方の上総《かずさ》・大多喜《おおたき》城主本多忠朝《ほんだただとも》隊との間の銃撃戦で始まった。勝永隊の攻撃は凄まじく、まず本多忠朝が討死。続いて信

一心寺境内の「霧降《きりふり》の松」（大阪市天王寺区）
真田幸村が徳川家康を追い詰めたとき、この松から霧が吹き出し、家康の姿を隠したため、家康は難を逃れたと伝えられる

州・松本城主の小笠原秀政《ひでまさ》・忠脩《ただなが》父子が討ち取られた。

徳川方諸隊が勝永隊を阻止すべく動く中、真田幸村隊は徳川家康本陣に突撃した。幸村は突撃を三度も繰り返し、家康をあと一歩のところまで追い詰めたが、最期は精魂尽き果て、田んぼの畔《あぜ》に腰を下ろしているところを越前藩主・松平忠直《ただなお》隊の足軽頭《あしがるがしら》西尾久作（仁左衛門）に首を取られたと伝えられる（『慶長見聞書』）。西尾が正々堂々、一騎打ちで幸村を仕留めたとする史料もあるが、八日後の五月十五日付の手紙で細川忠興《ただおき》が、「真田幸村の戦いぶりは古今無双であった。首は越前隊の鉄砲頭が取ったが、激戦で傷つきくたびれ果てた幸村の首を取ったに過ぎないので、手柄にはならかった」と記している。幸村の最期はこれが事実なのであろう。真田幸村、享年四十九歳。嫡男大助は父に命ぜられて大坂城に戻り、翌五月八日、秀頼・淀殿らとともに自害し果てた。

この日の幸村の戦いぶりについて『薩藩旧記』は、「真田隊の突撃を受けた家康本陣では旗本衆が三里（約十一キロ）も逃げた」と記し、「真田日本一之兵《ひのもといちのつわもの》、いにしえよりの物語にもこれなし」と絶賛する。『山下秘録』は、「真田隊は家康本陣目指して真一文字に突き進み、家康本陣の象徴である金扇の大馬験《おおうまじるし》が倒れた」と記し、「異国は知らず、日本には例《ためし》少なき勇士なり。不思議なる弓取《ゆみとり》なり」と称える。「一六一五・一六年度イエズス会日本年報」では、「もし真田軍の攻撃がもう一度加えられていたなら、」「内府《だいふ》（家康）は絶望して日本人の習慣に従って腹を切っていた」だろうと、当時の評判を書き留めている。

真田幸村最期の地と伝えられる
安居神社　（大阪市天王寺区）

安居神社境内の真田幸村像
2009年に建てられた

ところで、大坂冬の陣が勃発する三年前、一六一一年の時点でオランダ東インド会社は、豊臣秀頼こそが「日本の正統の皇帝」であり、今は「種々なる事情のために位に即《つ》かざりしが、人民及び有力なる諸侯の輿望《よぼう》あるにより、現皇帝（徳川家康）の死後は位に即くことあるべき」との見解を示した（『和蘭東印度商会史』）。これに対し、徳川秀忠については、冬の陣の真っ最中に、イエズス会宣教師ヴァレンタイン・カルヴァリヨが「支配者（家康）が既に老齢に達しているから、」「彼（家康）が死ぬと彼の相続者・秀忠も滅びるだろう。そうでなくとも彼（秀忠）は諸侯の間で嫌われているので、政権を得られないであろう」と記している。諸大名や一般庶民の間でたいへん声望の高い秀頼に

安居神社境内の「さなだ松」
真田幸村はこの松のたもとで最期を遂げたと伝えられる

安居神社境内に建つ真田幸村戦死跡の碑

対し、秀忠の方は散々で、対照的な両者の姿がまざまざと浮かび上がる。

一六〇七年に来日し、以後国内で布教活動に従事した聖ドミニコ会の宣教師フライ・ヤシント・オルファネールは、家康が七十四歳という高齢をおして、わざわざ大坂まで出陣して来た理由を、「皇太子（秀忠）では勝利の見込みがないと恐れたからであった」とし、「多数の殿（大名）は、表面では（徳川家に対し）好意を示しているが、秀頼の父太閤恩顧の家臣なるがゆえに敵であり、情勢が有利になれば皇太子から離叛して敵方に寝返ることを皇帝（家康）は知っていたからである。しかし皇帝に対して尊敬の念を忘れぬ殿は一人としていなかったので、皇帝からは離叛しがたく、」「それゆえ、皇帝は既に老齢であったにもかかわらず、」「自ら出馬し」たのであるとの解説を加えた。そして、「もし皇帝が自ら出陣しなかったならば、全諸侯は父（秀吉）の偉業により秀頼に好意を寄せていたので、皇太子が決して王座につけなかったことは確実である」と断言した（『日本キリシタン教会史』）。

徳川家康というカリスマの存在があってこその徳川軍であり、徳川の優勢であった。したがって、大坂夏の陣最後の慶長二十年五月七日においても、家康さえ討てば、勝利は豊臣方に転がり込む可能性が高く、幸村はそれを目指して家康本陣に突入した。幸村は最後の最後まで勝利を求めて精一杯戦ったのである。

幸村生存伝説

大坂夏の陣最後の決戦で真田幸村（信繁）の首を取った越前・松平忠直隊の足軽頭《あしがるがしら》西尾久作（仁左衛門）は、幸村の首を越前に持ち帰り、足羽山《あすわやま》の麓《ふもと》孝顕寺（福井市足羽）に葬ったと伝えられる。首塚の上には墓碑として石造の地蔵菩薩立像が建立され、俗に「真田地蔵」と呼ばれた。この像は現在福井市立郷土歴史博物館の所蔵品となっており、背面に「大機院真覚英性大禅定門　元和元寅年五月初七日　西尾氏立之」と刻まれる。幸村が所持した薙刀《なぎなた》と采配も西尾家に伝来したが、後年藩主松平家に献上され、現在は越葵文庫の所蔵となっている。

ところで、松平忠直率いる越前勢は、大坂夏の陣で大坂城に一番乗りを果たし、三七五〇もの首級を挙げた。徳川方の挙げた首の総数が一四六二九であったから、越前勢のそれは全体の二六％にも及び、断然第一位であった。陣後、五月十日に家康と秀忠は二条城に諸大名を集めて戦勝を祝ったが、その際、家康は忠直の戦いぶりを、「汝《なんじ》、今般、諸将ニ抜ン出、大坂城ヲ乗取コト、莫大ノ勲功、天下第一、古今無双、誰カ肩ヲ並フへ

二条城
（京都市中京区）

キ」（『美作津山松平家譜』）と絶賛し、忠直は「当座の御引出物」として家康から「初花《はつはな》の茶壺」、秀忠からは「貞宗の御刀」を賜った（『徳川実紀』）。

これらはあくまでも「当座の御引出物」に過ぎず、家康は「恩賞ハ追テ沙汰スベシ」と約束したが（『美作津山松平家譜』）、翌年家康が亡くなり、秀忠は約束を履行しようとしなかった。忠直の不満は募り、江戸への参勤を二度も途中で引き返すなど、幕府に対して反抗的態度を鮮明にした。結果、忠直は元和九年（一六二三）に豊後国萩原（大分市萩原）に配流となり、さらに同国津守（大分市津守）へと移された。

忠直は、西尾久作が幸村の首とともに得た幸村の愛馬をたいそう気に入り、越前でもさかんに乗り回し、船に載せて豊後にも伴った。忠直は慶安三年（一六五〇）に五十六歳で逝去し、津守の碇島《いかりじま》と呼ばれる丘の中腹に忠直の廟所があるが、その麓に幸村愛馬の墓があり、墓石には「真田栗毛《くりげ》埋所」と刻まれる。これからすると、幸村の愛馬は「栗毛」だったことになるが、『難波《なにわ》戦記』などに記された夏

碇島の麓にある
真田幸村愛馬の墓
「真田栗毛埋所」と刻まれる
（大分市津守）

碇島中腹にある松平忠直廟
（大分市津守）

の陣最後の日の幸村の乗馬は「河原毛《かわらげ》」であった。「栗毛」は「地肌が赤黒く、たてがみと尾が赤茶色を呈しているもの」（『日本国語大辞典』）、「河原毛」は「朽葉を帯びた白毛で、たてがみと尾が黒く、背筋に黒い筋があるもの」（同）であるから両者は全然違う。いったいこれはどういうことであろうか。

『朝野舊聞裒稿《ちょうやきゅうぶんほうこう》』が引く「鉄醤塵芥抄」によると、夏の陣後の首実検には幸村の首が三つも現れたという。その中から西尾久作の取ったものが幸村の首とされたわけであるが、『真武内伝《しんぶないでん》追加』が引く「梅林居士ト云者ノ記」は西尾が取ったものも実は影武者望月宇右衛門のそれであったとする。けれども、越前藩主松平忠直の父は将軍秀忠の兄秀康であり、秀忠には忠直に対する遠慮があったので、忠直の主張を容認した、というのである。

真田稲荷神社
（鹿児島県肝属郡錦江町）

真田稲荷神社境内の稲荷石祠（右）と真田幸村・大助供養塔
（鹿児島県肝属郡錦江町）

実際、夏の陣直後から幸村や豊臣秀頼が大坂城を脱出し、薩摩に落ちたとする噂がさかんに語られている。たとえばイギリスの平戸商館長リチャード・コックスはその日記に「秀頼様は今尚重臣五、六名と共に生存し、恐らく薩摩に居るべしとの風聞一般に行はる」と記す。豊臣秀頼は薩摩国谷山郷（鹿児島市谷山中央）で生涯を全うしたといわれ、現在同所には秀頼の墓と伝える古い宝塔が建つ。幸村は同国頴娃《えの》郡の浄門ヶ嶽の麓に住み、「頴娃《えのうの》山伏」と称し、たびたび秀頼のもとを訪ねたという。現在、鹿児島県南九州市頴娃《えい》町牧之内字雪丸《ゆんまい》には幸村の墓と伝える石塔がある。

また、秀頼一行は谷山郷に落ち着く以前、薩摩に来た当初は現在の鹿児島県肝属《きもつき》郡錦江《きんこう》町でしばらく滞在したといい、今も同町城元に「真田稲荷神社」が祀られ、境内に真田幸村・大助親子の供

伝　真田幸村墓
（鹿児島県南九州市頴娃町）

養塔とされる石塔が建つ。幸村が屋敷を構えた場所は「遊喜浦《ゆきのうら》」という地名で呼ばれるようになったという。

このように秀頼や幸村の薩摩落ちは実《まこと》しやかに語られてきた。松代藩主真田家の正史『先公実録』は薩摩落ちについて記したのち、「右ハ分明ナラザレドモ、土民ノ伝フ言ヲ記置モノナリ、信ズルニモアラズ、捨ルニモ非ズ、後人ノ考モアルベシ」と態度を保留する。肥前・平戸藩主の松浦静山《まつらせいざん》（一七六〇～一八四一）もこの伝承に興味を持ち、著書『甲子夜話《かっしやわ》』で何度も言及しているが、松代藩主真田幸貫《ゆきつら》（一七九一～一八五二）から調査資料を見せてもらい、「これに拠れば、幸村大坂に戦死せしには非ず」と感想を漏らしている。読者の方々のご判断はいかがであろうか。

第4章

大阪城の石垣と建造物

豊臣大坂城の石垣

地下の謎の正体は

羽柴(のち豊臣)秀吉によって天正十一年(一五八三)九月一日に始められた大坂城の築城工事は、天正十三年四月に五層の大天守が竣工《しゅんこう》し、ひと段落する。翌年四月、大坂城を訪れた豊後の戦国大名大友宗麟《そうりん》は広大な堀を見て「大河のよう」と目を丸くし、絢《けん》爛《らん》豪華な大天守を「奇特神変不思議」「三国無双」と表現した(宗麟書状)。

イエズス会宣教師ルイス・フロイスは信長の安土城を「ヨーロッパのもっとも壮大な城に比肩し得る」(フロイス『日本史』)と評したが、そのフロイスが秀吉の大坂城を「信長が安土山に於《おい》て造りたるものに比して二、三倍宏壮華麗なり」(フロイス書簡)と絶賛した。

秀吉はその後も大坂城の拡張工事を重ねたが、息子の秀頼の代、慶長二十年(一六一五)五月七日に大坂夏の陣で大坂城は落城する。徳川幕府の二代将軍秀忠は豊臣大坂城を地中深くに埋め、その上にまったく新たな大坂城を築き上げた。そのため、地上に豊臣大坂城の痕跡は一切残らず、豊臣大坂城と徳川大坂城がまったく別の城であること自体、

大阪城天守閣提供

すっかり忘れ去られてしまった。

昭和三十四年（一九五九）の大坂城総合調査で、大坂城の本丸地下から石垣が発見された。当初は「謎の石垣」と呼ばれたが、その後の調査・研究により、豊臣大坂城の石垣と確定した。昭和五十九年には、大天守や奥御殿が建っていた詰の丸の石垣も発見された。写真がそれである。加工し整形された花崗《かこう》岩を整然と積み上げる徳川大坂城の石垣と違い、豊臣大坂城の石垣は、さまざまな材質の色とりどりの自然石が巧みに積み上げられる。壮大な徳川大坂城の石垣もすばらしいが、豊臣大坂城の石垣にはそれと違った美しさがある。

徳川大坂城の石垣

技術差見せぬ分担工事

慶長二十年（一六一五）五月七日、真田幸村（信繁）らの奮戦も空しく、大坂夏の陣最後の決戦で豊臣方は敗れ、大坂城は落城する。豊臣秀頼とその母淀殿はわずかな側近とともに、焼け残りの櫓《やぐら》に潜んだが、翌日自害し、豊臣家は滅亡した。

ひと月後の六月八日、徳川幕府は家康の外孫松平忠明を十万石の大坂藩主に任命する。忠明は、大坂夏の陣の戦火によって荒廃した大坂の市街地復興に努めたが、その事業に一定の目途が立つと、元和五年（一六一九）七月二十二日、幕府は忠明を十二万石余で大和郡山に移し、大坂を直轄地とした。そして、同年九月十六日に、翌年三月一日から大坂城の築城工事を開始する旨、西国の諸大名に伝えたのである。

徳川幕府による大坂城築城工事は、「天下普請」というスタイルで行われ、幕府の命を受けた諸大名が石高に応じて石垣普請を分担した。工事に参加したのは北国・西国の大名六十四家で、二代将軍徳川秀忠の命を受けた藤堂高虎が縄張《なわばり》（基本設計）を行った。その際、秀忠は高虎に対し、「石垣の高さも、堀の深さも秀吉が築いた大坂城の二倍の規模にせよ」と命じたという（『藤家忠勤録』）。

幕府による大坂城築城工事は三期にわたって行われ、最終的には三代将軍家光の時代、寛永六年（一六二九）六月に竣工する。

この工事で、豊臣大坂城は地中深くに埋められ、その上にまったく新たな徳川大坂城が完成した。

石垣は最も高い本丸東側で三四メートルに達し、蛸《たこ》石・肥後石といった巨石は一〇〇トンを超える。しかし、何より凄いのは、六十四大名による分担工事であったにもかかわらず、技術の差が一切見られず、花崗《かこう》岩を整然と積み上げた美しい石壁が延々と続くことである。

乾櫓

金の采配ひと振りで

二代将軍徳川秀忠の命で、元和六年（一六二〇）三月一日にスタートした大坂城再築は、三期にわたる工事を終え、三代将軍徳川家光の代、寛永六年（一六二九）に竣工した。

秀忠の命を受けた藤堂高虎の縄張《なわばり》（基本設計）に基づき、普請（土木工事）は北国・西国の六十四大名が分担して行ったが、作事（建築工事）の方は、幕府の直営で行われた。作事奉行を務めたのは、茶人・造園家として著名な小堀遠江守正一（小堀遠州）である。

乾櫓《いぬいやぐら》はその小堀遠州の設計で、元和六年に建てられたことがわかっている。「乾櫓」という名称は、大坂城西の丸の「戌亥《いぬい》（北西）」の隅に位置することに由来する。

通常、隅櫓は石垣の角を四角くとって建てられるが、この乾櫓は、石垣に沿ってL字型に折れ曲がり、一階と二階の床面積が等しい総二階造りという珍しい櫓になっている。形状から、「折曲櫓」「重箱櫓」「三方正面櫓」といった異名を持つ。

大坂から各地に向かう諸街道の起点は東横堀川に架かる高麗橋であるが、その高麗橋からまっすぐ東に向かうと正面に乾櫓が優美な姿を見せ、その背後に五層の大天守が聳《そび》

え立った。

　寛永十一年閏七月十一日に上洛《じょうらく》を果たした徳川家光は、同月二十五日から二十八日まで大坂城に滞在した。家光の大坂入城は、事前に大坂三郷の町人たちに周知され、家光が乾櫓に登って金の采配を振れば、大坂三郷の地子（土地にかかる税金）が永代免除になるとも予告されていた。翌日、群れ集まった人々を前に家光が乾櫓から金の采配を振ると、凄《すさ》まじい歓声が沸《わ》き起こった。抜群の演出効果で、豊臣家のお膝元《ひざもと》であった大坂は、徳川幕府への感謝を忘れない町へと、一瞬にして変貌を遂げたのである。

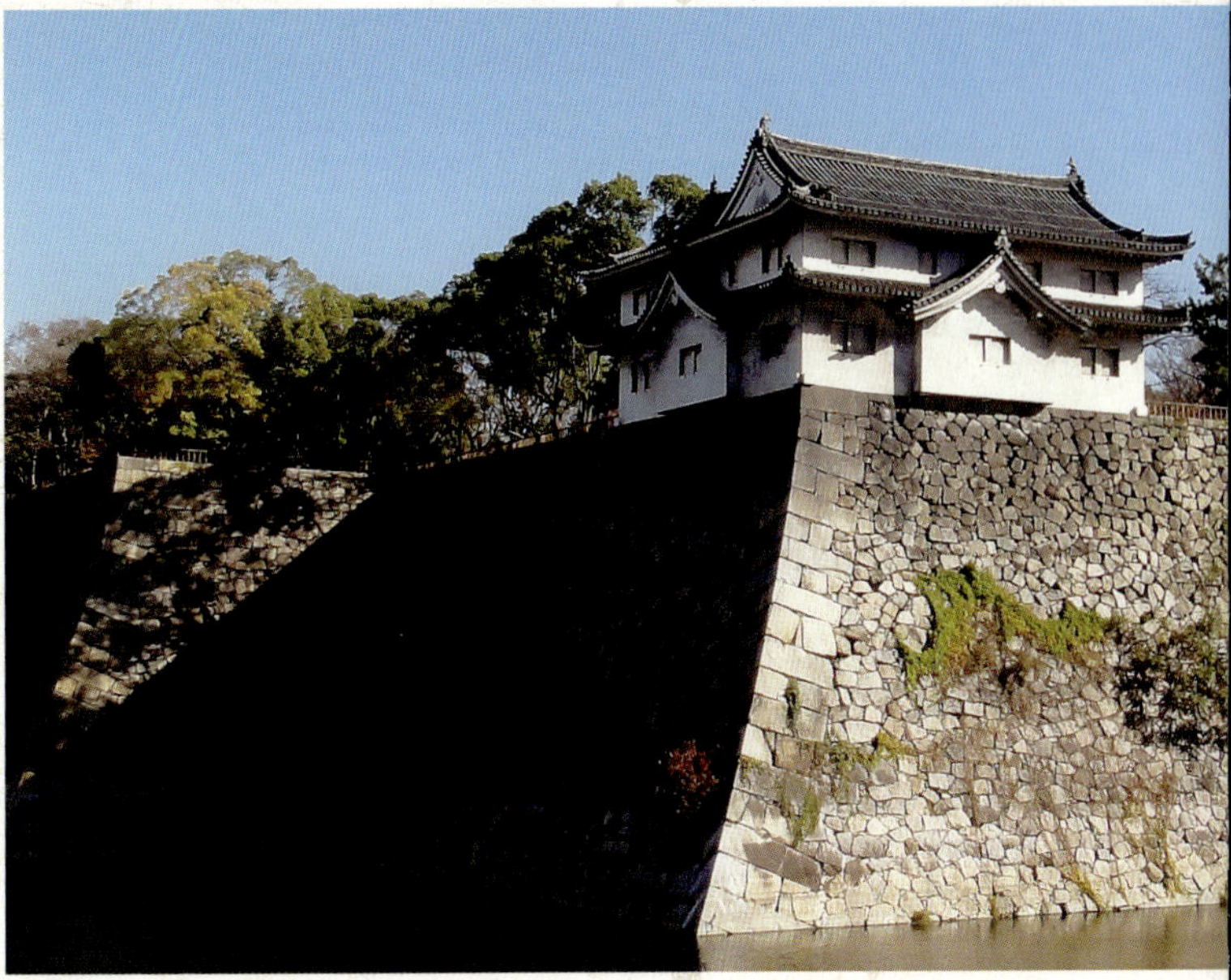

千貫櫓　ここを攻め落としたなら

大阪城の正門である大手門の左手に凛とした美しい姿を見せるのが千貫櫓《せんがんやぐら》である。千貫櫓は乾櫓とともに城内最古の建造物で、元和六年（一六二〇）に建てられた。乾櫓同様、茶人大名として名高い小堀遠州の設計になる。

大阪城の場所には、かつて浄土真宗の本願寺があり、元亀元年（一五七〇）から織田信長と凄《すさ》まじい戦闘を繰り広げた。織田軍は何度も本願寺内への突入を試みるが、正面入口の脇に立つ櫓から激しい側面攻撃（横矢掛かり）を受け、行く手を阻まれた。織田軍の兵士たちは「あの櫓を落とした者には褒美として千貫文が与えられるのではないか」と噂し合ったという（『武功雑記』）。これが「千貫櫓」という名称の由来と伝えられる。

天正八年（一五八〇）、朝廷の斡旋《あっせん》で和議がととのい、本願寺は紀州鷺森《さぎのもり》（和歌山市）に退去して、跡地は信長が「大坂城」として用いた。天正十年の時点で、本丸に丹羽長秀、千貫櫓には信長の甥織田信澄が置かれたが、本能寺の変が起こった同年六月二日、丹羽長秀は四国攻めの副将として、総大将を務めた信長の三男織田信孝とともに堺にあ

った。
信長の死が伝わると、信孝軍は大混乱に陥ったが、丹羽長秀がよく踏ん張り、信孝を支えて大坂城に取って返した。しかし、織田信澄は明智光秀の娘婿であったため、信孝らの入城を拒んだ。力攻めをしても千貫櫓を落とすのは難しいと判断した丹羽長秀は、一計を案じ、信孝軍と偽りの戦いを演じて負けたふりをし、信澄に助けを乞うた。信澄が城門を開くと、長秀と信孝の軍勢が一気に城内に押し入り、信澄を自害に追い込んだ。本能寺の変から三日後の六月五日のことである。
「千貫櫓」の名は豊臣大坂城を経て徳川大坂城に受け継がれた。

焔硝蔵　大爆発を反省し石造に

徳川幕府によって再築された大坂城は、幕府の西日本支配の拠点となった。城主はあくまでも徳川将軍であったが、その将軍にかわって大坂城の最高責任者とされたのが「大坂城代」で、譜代大名が就任した。大坂在勤の幕府諸役人を統括し、大坂と堺の町を支配するとともに、西国諸大名の動静を監察し、西国における軍事指揮権を将軍から委ねられた。

大坂城代に次ぐポジションが「定番《じょうばん》」で、京橋口定番・玉造口定番という役職に譜代大名が就任した。幕府正規軍である「大番」も、十二組の内二組が一年交代で順次駐留し、隊長である東大番頭《おおばんがしら》・西大番頭にはそれぞれ大身《たいしん》の旗本、あるいは譜代大名が着任した。大番の加勢が「加番《かばん》」で、山里加番・中小屋《なかごや》加番・青屋口加番・雁木坂《がんきざか》加番の役職に、一年任期で譜代大名が着任した。江戸時代の大坂城にはこれだけの軍勢が常駐し、外様の大々名がひしめく西国での有事に備えたのである。

そのため、大坂城には大量の武器・弾薬が保管されたが、万治三年（一六六〇）六月十八日、火薬を収める青屋口の焔硝蔵《えんしょうぐら》に雷が落ちたからたまらない。青屋口の石垣に使われていたいくつもの大石が、本丸を飛び越えて大手門近くに落下し、天守・本丸御殿をはじめとする城内の建造物には甚大な被害が出た。大坂市中では一四八一軒もの家屋が倒壊し、青屋門の門扉は爆風で天空高く舞い上がり、風に乗って大阪府と奈良県の県境に聳《そび》える生駒山の暗《くらがり》峠《とうげ》に飛来した。何とも凄まじい大爆発であった。

これに懲りた幕府は、焔硝蔵を石造りに改めた。その一棟が西の丸に現存する。床も壁も天井も、全て精巧な切石《きりいし》で造られ、漆喰《しっくい》が石と石の隙間《すきま》を埋める。あまりの見事さに、思わず声を上げずにはいられない。

金蔵

造りは厳重でも…

徳川幕府の西日本支配の拠点となった大坂城には、西日本各地に散在する幕府直轄領からの年貢金や長崎貿易の収益金などが収められた。その額は幕府年収の四割に達した。こうした莫大《ばくだい》な金・銀・銭を収納したのが金蔵で、その一棟が本丸に現存する。なまこ壁がとても美しい金蔵であるが、扉は三重で、窓や換気口には鉄格子がはめ込まれ、床下にはびっしりと石を敷き詰め、石と石の間は漆喰《しっくい》でしっかり固定する。きわめて厳重な造りであるが、享保十五年（一七三〇）と元文五年（一七四〇）の二度、御金蔵破りに遭っている。元文五年の場合、盗み出されたのは四〇〇〇両。当時の一両は今の二十四万円くらいと試算されるので、四〇〇〇両で九億六千万円になる。大事件勃発に、江戸からも目付らが大坂城に派遣された。極秘裏に調査が進められ、事件はやっとのことで解決をみる。犯人は大番を務めた旗本窪田伊織の中間《ちゅうげん》梶助で、主人の鑑札をもらいに行った折に本丸に忍び込み、釘で三重の扉を開け、四〇〇〇両を盗み出した。一度に運び出せないので、二回にわたって四〇〇両ずつ運び出し、残りは本丸御殿の床

下に隠した。
犯行を自供した梶助は、市中引き回しの上磔《はりつけ》。主人の窪田伊織はもちろん、金蔵管理の責任者である大坂金奉行など、大坂城に勤務する多くの役人が処分された。
慶応四年（＝明治元年、一八六八）の戊辰《ぼしん》戦争の際には、前将軍徳川慶喜らが大坂城を脱出したあと、幕府の海軍副総裁だった榎本武揚の命で金蔵から十八万両が運び出された。幕府再興の資金とされる予定だったが、蝦夷地《えぞち》（北海道）に向かう途中で御用金を載せた軍艦が嵐に遭って沈没したとされる。あるいはどこかに隠されたともいわれるが、真相は未だに謎である。

大手門

揺るぎない柱継ぎ

江戸時代の大坂城には四つの出入口があった。正面入口が大手口で、裏門にあたる搦《から》め手《て》が青屋口、ほかに京橋口と玉造口があった。

これら四つの出入口の内、枡形《ますがた》がほぼ完全な形で残り、往時の雰囲気をよく伝えるのが大手口である。

もっとも大手口多聞櫓《たもんやぐら》は、当初のものが天明三年（一七八三）に落雷で焼失して、長らく建物のない状態が続き、天保十四年（一八四三）から安政五年（一八五八）にかけて行われた惣《そう》修復の中、嘉永元年（一八四八）に再建された。

ちなみに、この惣修復にあたって、徳川幕府は大坂・堺・西宮・兵庫の町人たちに二四九万七千両もの御用金を課した。町人たちの抵抗もあり、最終的には一五五万五千両に落ち着いたが、とはいっても、当時の一両は十万円強と試算されるので、一五五五億円を超える莫大《ばくだい》な金額になる。

大手門は、多聞櫓が落雷で焼失した際も類焼を免れ、寛永五年（一六二八）創建当時

の姿をこんにちに伝えている。
高麗《こうらい》門と呼ばれる形式で、内側に二本の控柱《ひかえばしら》が立つ。南側の控柱の下部が腐ってしまったようで、新しい材に取り換えられているが、その継ぎ方が何とも珍しい。南北面の「殺《そ》ぎ継ぎ」（山形）と東西面の「蟻《あり》継ぎ」（凸形）を組み合わせた格好で、たしかにこれだと左右にも、上下にもびくともしない。しかし、いったいどのようにすれば、こうした柱継ぎが可能となるのか。

昭和五十四年に「謎の柱継ぎ」として大きな話題となり、全国から多数の解答案や模型が寄せられた。X線撮影の結果、数名が正解。上下の柱材の間にまったく隙間がなく、これぞまさに匠《たくみ》の技というしかない。既に答えは判明しているが、読者の皆様も一度このパズルにチャレンジされてはどうか。

復興天守閣

めざすは豊臣か徳川か

徳川大坂城のシンボルである五層の天守は天守台の石垣も含めた総高が五八・五三メートルで、将軍本城である江戸城のそれと同規模であり、約四〇メートルの高さだった豊臣大坂城の天守に比べ、遥《はる》かに巨大であった。

寛文五年（一六六五）正月二日、その天守に雷が落ち、焼失する。江戸城の天守はそれより早く、明暦三年（一六五七）正月十九日に「明暦の大火」で焼失しており、幕府は既に天守を再建しないことに決めていた。将軍本城がそうであったから、大坂城の天守も江戸時代を通じて再建されることはなかった。

明治維新以降、大阪城は陸軍用地となるが、昭和三年（一九二八）、その大阪城に天守閣復興の話が持ち上がる。同年二月の大阪市会に、当時大阪市長であった関一《はじめ》が昭和天皇の即位御大典記念事業として、豊臣秀吉の時代の天守閣を復興したいとの提案を行い、全会一致で可決されたのである。陸軍との調整が難航をきわめたが、第四師団司令部に新庁舎を建てて寄付することを条件に、承諾を取り付けた。

　復興天守閣の設計を担当したのは古川重春（一八八二〜一九六三）で、古川は日本の城郭史や主要城郭の特徴、各地に現存する天守の構造などを徹底的に調査・研究して、設計図を完成させた。この図に基づき昭和六年十一月七日に竣工《しゅんこう》したのが現在の天守閣で、わが国における本格的な復興天守閣の第一号であり、平成九年（一九九七）には国の登録有形文化財になった。
　ところが、古川自身は天守閣の竣工を目前にして、職を辞している。彼の考えた鯱《しゃちほこ》の復元案が大阪市に容《い》れられず、江戸時代のものとしか思えない姿の鯱が天守閣の大棟を飾ることになったからである。それほどまでに古川は秀吉の天守閣復興に情熱を傾けたのである。

第5章

大坂城の怪談

蓮如上人による大坂（石山）御坊の建立、大坂（石山）本願寺と織田信長との間で戦われた十年の長きにわたる合戦、豊臣秀吉による大坂城築城、大坂夏の陣での豊臣家の滅亡、徳川幕府による大坂城再築、戊辰戦争の際の落城——大阪城の地は、たびたび歴史が激しく動く舞台となった。それだけにさまざまな伝説が語られてきたが、それらの中から、江戸時代の大坂城に関する怪談をいくつか紹介させていただく。

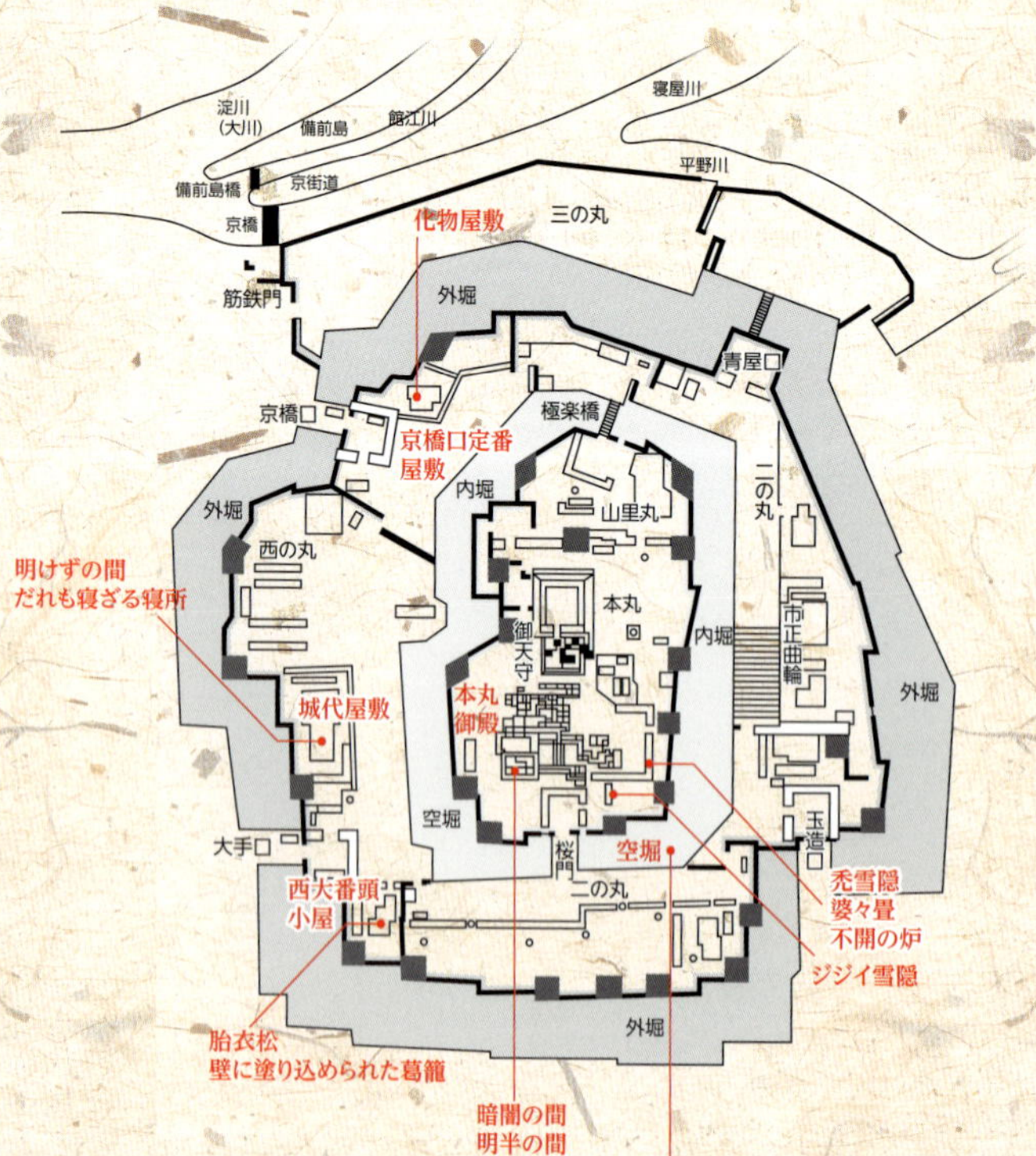

淀川
（大川）
備前島
鯰江川
寝屋川
備前島橋
京街道
平野川
京橋
化物屋敷
三の丸
筋鉄門
外堀
青屋口
京橋口
極楽橋
京橋口定番
屋敷
内堀
外堀
山里丸
二の丸
西の丸
明けずの間
だれも寝ざる寝所
本丸
御天守
内堀
市正曲輪
本丸
御殿
城代屋敷
外堀
空堀
玉造口
大手口
桜門
空堀
秃雪隠
婆々畳
西大番頭
小屋
二の丸
不開の炉
ジジイ雪隠
外堀
胎衣松
壁に塗り込められた葛籠
暗闇の間
明半の間
陰火

本丸御殿奇譚

江戸時代の大坂城は、徳川将軍の持ち城で、幕府による西日本支配の拠点として位置付けられ、大坂城代を筆頭に、定番《じょうばん》・大番《おおばん》・加番《かばん》といった役職に任命された譜代大名や旗本たちが多数の家臣を率いて交代で赴任してきた。昭和六年に復興された鉄筋コンクリート製の現在の天守閣よりもさらに高い木造の天守が聳え立っていたが、寛文五年（一六六五）に落雷で焼失。以後天守が再建されることはなかったものの、その南側一帯には豪壮な本丸御殿が建てられていた。まずはこの本丸御殿に関する譚《はなし》から……。

暗闇《くらやみ》の間

本丸御殿の中に「暗闇の間」と呼ばれる一室があった。絶対入ってはならぬとされており、しかも戸が錆び付いてしまっていて開けることさえままならぬ状態であった。何があるのかと、戸のわずかな隙間から蝋燭を差し入れ、中を窺おうとしても、何故かたちまち火が消えてしまい、内部がどうなっているのか、知る人は誰もいなかった。そこを敢えて知ろうと無理をすると、必ずその人に災いが生じたという。

（『甲子夜話三篇』巻七十七）

明半《あけかけ》の間

「暗闇の間」を通り過ぎると、その奥に「明半の間」と呼ぶ一室があった。この部屋の襖《ふすま》は、御殿を守衛する武士たちが詰めている間はきちんと締まっているのに、武士たちが少しの間でもその場から離れると、必ず襖が勝手に開いた状態になっていたという。

（『甲子夜話三篇』巻七十七）

以上の二つは、大番頭や定番・加番として大坂城に在勤した常陸国牛久藩主山口侯（弘務・弘致・弘封のいずれかと考えられる）の語った譚と伝えられるが、『摂営秘録』によると、本丸御殿ではこの他、「上御台所」の二階に昇ると必ず災いがある、中には乱心する者まで出たといわれ、恐れられたと記されている。

番頭泊所奇譚

本丸御殿の玄関東側に、大番頭《おおばんがしら》が警備のために宿直する番頭泊所があった。次はこの建物に関する譚を……。

禿雪隠《かむろせっちん》

泊所の上《かみ》の便所に妖怪が現れるという噂があった。元禄年間（一六八八〜一七〇四）に大坂城に勤務した水野十郎兵衛は、肝のすわった旗本で、侠客《きょうきゃく》としても知られ、「怪物が本当にいるのなら、この手で捕らえてやる」と、皆が制止するのも聞かず、夜中に起き出して、たった一人で手燭《てしょく》を持って例の便所に行った。しばらく中に潜んでいたが、とくに変わったこともなかったので、「やはりデタラメな作り話に過ぎなかったか」と、戸を開けて外に出ようとしたところ、眼の前に禿《かむろ》姿（オカッパ頭）の十二、三歳の女児が、手燭を持って静かに座っていた。さすがに十郎兵衛はギョッとしたが、必死に冷静を装い、手を洗いに行こうとした。すると女児が手燭をもって先導し、手洗のところで立ち止まり、再びひざまずいた。

この譚を書き留めた『金城聞見録』は、江戸時代の大坂城に関する虚実さまざまな伝聞を記した史料であるが、「水野十郎兵衛」の名は、徳川幕府が編纂した大名・旗本の系譜集『寛政重修諸家譜《かんせいちょうしゅうしょかふ》』には見出せない。「元禄の頃」に「侠者を以て世にしらる」ということよりすれば、町奴《まちやっこ》幡随院長兵衛《ばんずいいんちょうべえ》と対立し、これを殺害したことで知られる旗本奴《はたもとやっこ》水野十郎左衛門を、この譚の主人公に想定していると考えて間違いなかろう。

「禿雪隠」のことは、肥前

禿雪隠

手洗の中へ入ろうとした十郎兵衛が恐る振り返って見ると、女児はたちまち恐ろしい鬼の形相《ぎょうそう》に変じ、口は耳元まで裂け、白眼を剥いて十郎兵衛に飛びかかってきた。けれど十郎兵衛が怯むことなく睨み返すと、鬼となった女は忽然と姿を消し、それ以後二度と姿を現すことはなかったとのことである。

（『金城聞見録』）

婆々畳《ばばあだたみ》

泊所の「床の間」の左に、屏風を左右の柱に釘で打ちつけ、入口を塞《ふさ》いだ一室があった。わずかな隙間から覗くと、中は真っ暗で、はっきりとは見えないが、部屋の中央に古い畳が十枚ほど積み上げられている様子がわかり、他には一切何もないようである。無理して中に押し入ると、必ず災いがあるというので、誰一人入る者はなかったが、近年、渋川伴五郎という士《さむらい》がここへ入り、積み重ねられた畳の上で横になり、

国平戸藩主であった松浦静山《まつらせいざん》の著した『甲子夜話続編』の巻九十五にも記されており、大番頭として大坂城に赴任した経験のある常陸国麻生《あそう》藩主新庄直計《しんじょうなおかず》が静山に語ったところによると、「大番頭は、在任中に一晩、自ら泊所に宿直しなければならない慣習になっているが、ここの便所が『禿雪隠』と呼ばれて、使用すると必ず禿姿の妖怪が現れるというので、誰もここへ行って用を足す者はいない」とのことで、彼自身も「恐ろしいので、宿直の時は家臣に一晩中、話相手になってもらい、一睡もしなかった」と告白している。『金城聞見録』の述べるところとは少し違い、新庄直計が大坂城に着任した江戸時代後期の文政年間（一八一八〜三〇）に至ってもなお、

婆々畳

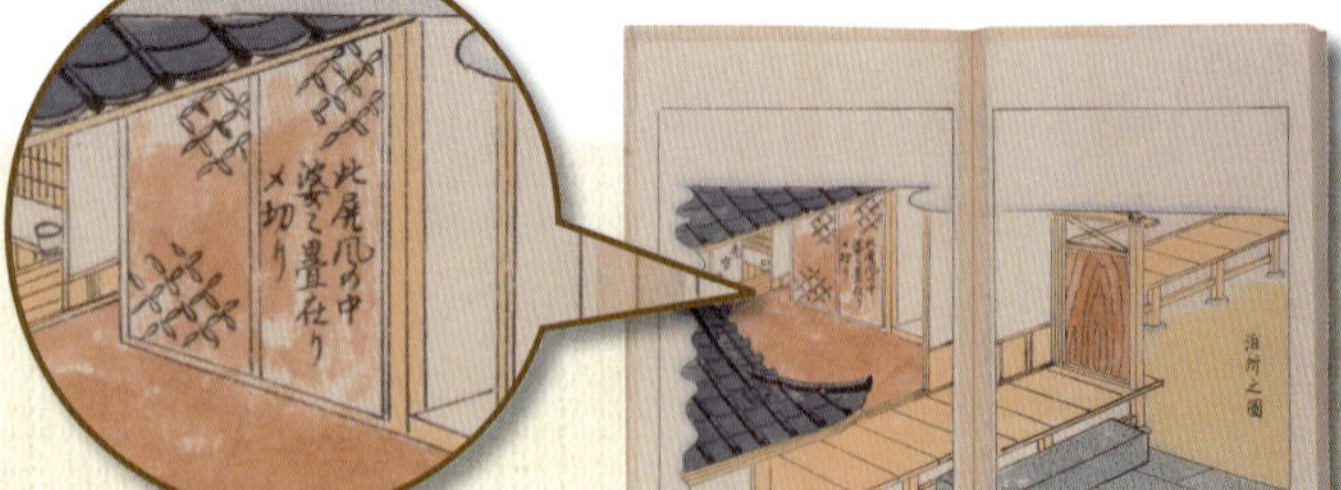

『金城見聞録』の挿絵「泊所之図」。左奥に「禿雪隠」、その右には「此（この）屏風の中、婆々畳在（あり）。メ切（しめき）り」と記されている。

眠っていたところ、夜中に大きな石を載せられたように、突然胸が苦しくなった。驚いて目を覚してみると、銀髪を振り乱した夜叉《やしゃ》の如き老婆が両手で彼の胸を押えつけていた。渋川には柔術の心得があったので、この老婆をはね返そうと全力で試みたが、気持ちだけは焦るものの、体は全く自由がきかず、しばらくして渋川は畳の上から床に落ちたが、その時老婆の姿は既になかったという。

（『金城聞見録』）

不開《あかず》の炉《いろり》

泊所の「次《つぎ》の間」に五尺（約一・五メートル）×三尺（約〇・九メートル）の炉が切ってあった。この炉は常に蓋で覆われており、蓋の中央に穿《うが》たれた穴の上には小さな石が置かれていた。蓋を取って炉を開くと必ず災いが起こると言われていたので、穴を塞《ふさ》いであった小石にさえ触れるものは誰もなかったという。

（『金城聞見録』）

泊所の便所が、妖怪の出没する「禿雪隠」として、恐れられ続けていたことが知られるのである。

なお、「禿雪隠」と「婆々畳」に関しては『摂営秘録』にも記載があるが、「婆々畳」の所在地は「奥御大番所」であるとしている。

口大番所奇譚

泊所の南には口大番所《くちおおばんしょ》が建っていた。これについて語られる譚とは……。

ジジイ雪隠《せっちん》

口大番所には、下《しも》の便所があり、「ジジイ雪隠」と呼ばれていた。どうして「ジジイ」なのか、そのいわれについては何ら記されないが、ある時この便所を埋める工事をしたところ、たしかに埋めたはずなのに、一晩たって翌朝になると、またもとの状態で便所があったという。

（『摂営秘録』）

大坂の陣奇譚

本丸から、桜門を出て二の丸に向かうと、土橋（スロープ）の両側は空堀《からぼり》となっている。そこにはこんな譚が……。

陰火《いんか》

夏の夜に雨が降ると、空堀にしばしば陰火が現れたという。「陰火」とは、この世に未練を残して亡くなった人の執念が形を現したものと信じられていたが、大坂城の場合は、大坂夏の陣の際に豊臣方将士の流した血が空堀の土中に深く染み込み、そこに雨が降り注ぐことで生じるのだといわれ、恐れられたとのことである。

（『金城聞見録』）

空堀に関するものではないが、大坂の陣がらみの譚をもうひとつ……。

乱争《らんそう》の声

大番頭として大坂城に赴任した経験のある常陸国麻生藩主新庄直規《しんじょうなおのり》（先に紹介した直計の父）の話によると、彼の在任中、城中にいると、深夜にしばしば、多くの将兵が争う声やけた

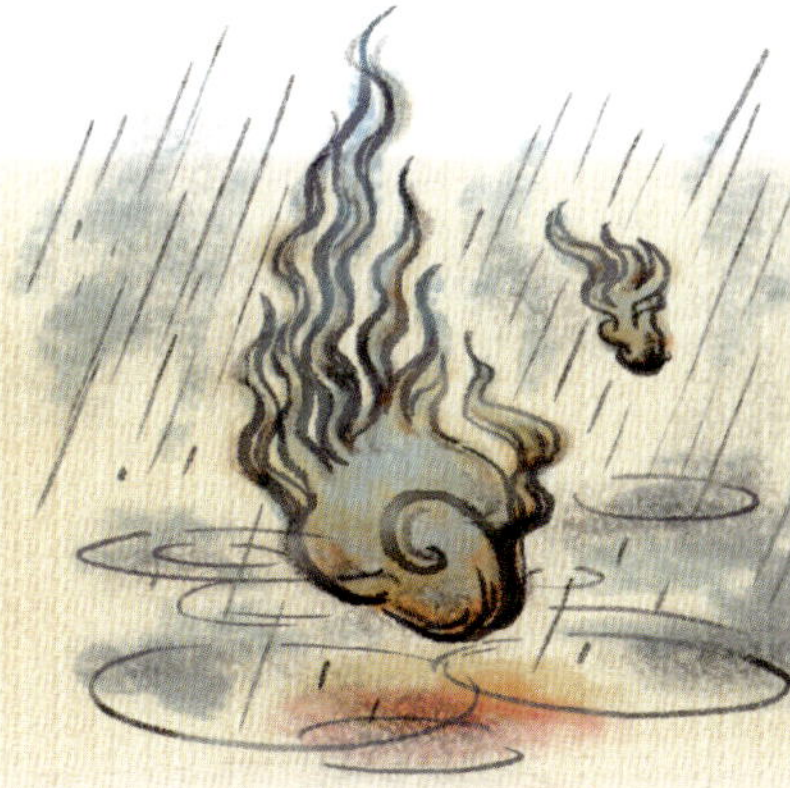

陰火

たましい人馬の喧騒を耳にすることがあったという。これは未だ浮かばれない豊臣方兵士たちの魂が大坂城内に残っており、時折、そうした形で姿を現すのであろうと、直規は理解したと物語っている。

（『甲子夜話』巻九）

西大番頭屋敷奇譚

桜門から土橋を下り、修道館前を経て、大手門へと向かう左側、現在は公園事務所の城内詰所がある大手枡形《おおてますがた》の東側一帯が西大番頭の屋敷であった。この屋敷に関しても、いくつかの譚が……。

胎衣松《えなのまつ》

西大番頭屋敷の書院の庭に、豊臣秀頼の胎衣を埋めた標《しるし》の松と呼ばれるものがあった。高さは一丈（約三・八メートル）ほどであったが、横は十間（約十八メートル）にも及ぶ大木で、地面を這《は》うように広がっていた。ある時、主君である大番頭の命を受けた家臣が大きな枝を一つ伐り落としたところ、その夜、その家臣の夢の中に衣冠《いかん》に身を正した貴人が現れ、「我こそはこの大坂城の旧主豊臣秀頼である。今日そなたが伐った松のたもとには私の胎衣が埋めてある。今後はそなたがこの旨を皆に伝えて、枝を一本たりとも伐ることのないようにせよ」と告げたという。この家臣は驚いて目を覚まし、主人にこれを伝え、以後毎月朔日《ついたち》と十五日、二十八日にお神酒《みき》を松に供えるようになったとのことである。

（『金城聞見録』）

壁に塗り込められた葛籠《つづら》

大番頭として何度か大坂城に赴任してきた新庄直計が語るところによれば、西大番頭屋敷の厨《くりや》(台所)の上に、葛籠がひとつ、壁に塗り込められてあった。中には女性用の湯具が納められているとの噂であったが、開けると必ず災いがあると言われていたので、誰も見て確かめた者はなかったという。

（『甲子夜話続編』巻九十五）

胎衣（胞衣）とは、胎児を包んだ卵膜と胎盤のことで、生まれた赤児の身体の一部、霊魂の一部と見なされ、屋敷の吉方に、大切に埋める習慣があった。こんにち玉造稲荷神社の境内に「豊臣秀頼公胞衣塚大明神」が祀られるが、これはもともと、玉造の豪商で、国学者・歌人としても名高い佐々木春夫の子孫が所有しておられた寺山町（現、上町一丁目）の土地に祀られていたもので、住宅建設のため、昭和二十四年に東阪町（現、玉造一丁目）に遷され、同五十八年に現在地に遷座した。江戸時代、大坂城内にあった胎衣松との関係は、目下のところ不明である。

大坂城代屋敷奇譚

西大番頭屋敷の北、現在の西の丸庭園の南半分の区域には、江戸時代の大坂城の最高責任者である大坂城代の屋敷があった。続いてはこの屋敷に関する譚をふたつ……。

明《あ》けずの間

城代屋敷の中に「明けずの間」と呼ばれる一室があった。この部屋は、大坂夏の陣で落城した慶長二十年（＝元和元年、一六一五）五月以来、ずっとそのままに放置され、閉ざされた状態であった。戸の一部が破損してもすぐにその上から板を打ちつけて塞《ふさ》いだほどで、一度たりとも開かれたことはなかった。この部屋は、落城の際、城中の女性たちが自害し果てたところといわれ、今なお部屋中に成仏できぬ幽魂がさまよっており、部屋に侵入すれば必ずその者の身の上に災いが降りかかり、部屋の前の廊下で横になっただけでも恐ろしい目に遭うと言って、恐れられたという。これは享和二年（一八〇二）から同四年にかけて大坂城代の任にあった山城国淀藩主稲葉《いなば》正諶《まさのぶ》が語ったもので、城代屋敷に伺候《しこう》した能役者観世宗三郎が、快晴の日に、戸の瞭間から部屋を覗いたところ、中には蚊帳《かや》が半分はずれかかった状態で吊られており、半挿《はんぞう》（湯・水を注ぐ道具）その他の器物がまわりに散らかっていて、身の毛のよだつ思いがしたとも記されている。とある城代が、思い切って「その部屋を開けよ」と命じたところ、たちまち気が変になってしまったので、以後誰も開けぬままになったという。

（『甲子夜話』巻二十二）

誰も寝ざる寝所《しんじょ》

さる大名が大坂城代に任ぜられて、初めて大坂城に赴き、城代屋敷に入ったその夜、屋敷の中にこれまで誰一人として寝たことがない寝所があると聞き、豪胆なこの人は早速にここで眠ることとした。夜中に尿意を催し、便所に行こうと手燭をともして部屋の障子を開けたところ、巨漢の山伏が平伏

『甲子夜話』の著者松浦静山は、播磨国山崎藩主本多《ほんだ》忠《ただ》堯《とう》の正室相良《さがら》氏（栄寿院）から、彼女の従弟《いとこ》が大坂城代に着任した際の譚として聞いたというが、それが誰に該当するのかは不明である。

して侍《はべ》っていた。この大名は、別段驚きもせず、控える山伏に「手燭を持って予を便所まで案内せよ」と命じたところ、山伏はそっと立ち上がり便所へと導いた。用を済ませても、なお山伏がたたずんでいたので、今度は「予の手に水をかけよ」と命じたところ、これまた素直に応じた。それから大名は、自分で手燭を掲げてもとの寝所へと戻り、朝までゆっくりと快眠を貪《むさぼ》った。そしてこれ以降、二度とこの妖怪は姿を現さなかったという。

（『甲子夜話』巻二十六）

京橋口定番屋敷奇譚

天守閣の北側、山里丸から極楽橋を渡り、左へ向かうと、京橋口枡形の東側一帯が京橋口定番の屋敷であった。最後にこの屋敷に関する譚を……。

化物屋敷

京橋口定番の屋敷には古くから妖怪が住むといわれ、その怪物の所為《せい》で任期を全うした大名は一人もおらず、任期途中に重病に侵《おか》されたり、あるいは半狂乱となって命を落とす者が絶えなかった。享保十年（一七二五）から同十七年にかけて京橋口定番をつとめた下野《しもつけ》国足利藩主戸田《とだ》忠囿《ただその》は、豪勇を以て知られる人物で、老臣が「この屋敷の中には稲荷の祠《ほこら》が山のようにたくさんありますが、これは代々定番に着任された殿様が新たに祠を造って奉納する慣わしになっているからです。わが殿におかれましても、早くお造りになり、奉納されますように」と勧めても聞く耳を持たず、「これまでの方々はいざ知らず、予にとってはそのような因習など一切関係ない。予は上様（将軍）からこの大坂城を任された身。どのようにしようと予の勝手である。古い祠は皆まとめて玉造稲荷神社に遷し、屋敷内にはひとつとて残すな」と厳しく命じた。老臣も逆らいかねて、主君の命令に従ったが、十日ほど経つと、家臣の中に高熱を発し、訳の分からぬことを口走り、狂乱して

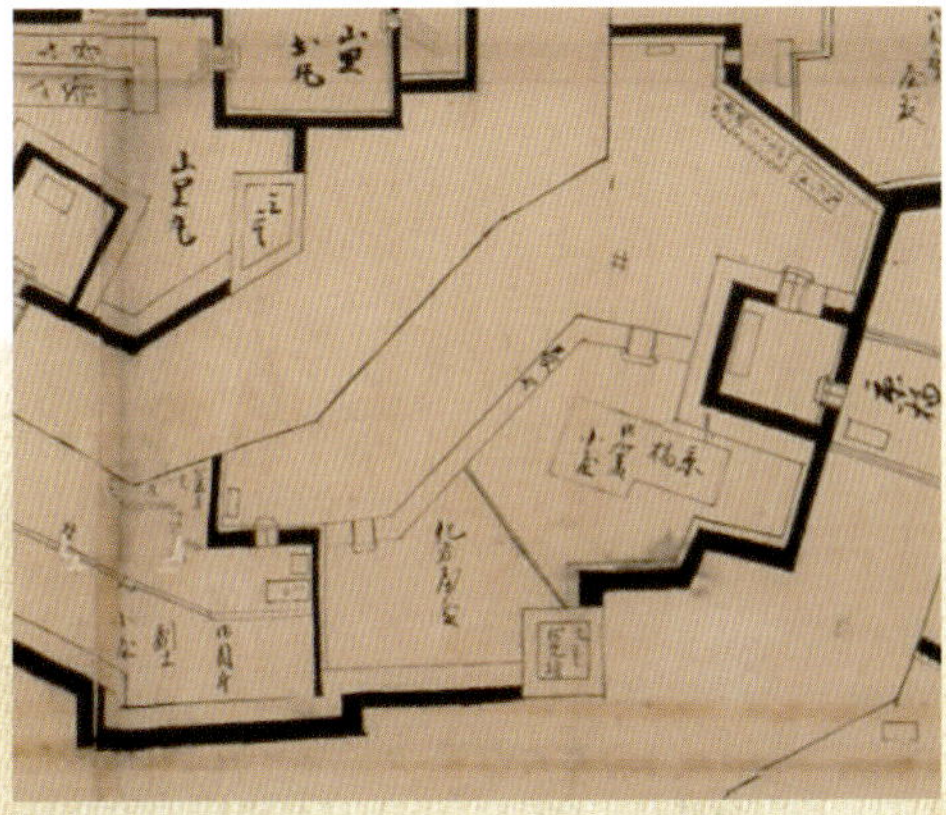

『大坂錦城之図』では、京橋口定番屋敷東側の一画に「化物屋敷」の記載がある

走り回るものが出、次第にその数も増え、ついには数十人に及んだ。家中では大騒ぎとなり、幽霊が出るとの評判がたち、中には白昼髪を振り乱して飛びまわる幽霊を実際に見たという者までいて、たまりかねた老臣たちが主君にその旨を告げた。忠囿自身はこうした噂で家中が騒然としても、一切動じる気配を見せなかったが、さすがにこのまま放置もできまいと、自ら陣鎌だけを腰に差して化物が出没するという書院の中に一人で入り、部屋の外には二人の家臣を待たせ、「予が呼ぶまでは、何が起こっても中に入るな」と厳命しておいた。そうしたところ、忠囿が部屋に入って三日目の昼に、家臣たちが言っていたとおり、白衣を着、髪を乱した怪物が現れた。忠囿は、この怪物を倒そうとして組み付いたが、逆に爪を肩に立てられ、頬に食らいつかれた。必死の思いで忠囿は怪物の首筋をつかんで引き離し、持っていた陣鎌で喉から腹にかけて真一文字に引き裂いた。弱ったところを組み伏して止《とど》めを刺し、室外の家臣に「よい、入れ」と声をかけた。彼らが入ったところ、馬のように巨大な古狐《ふるぎつね》が死んでおり、忠囿は

この「化物屋敷」のことは、『摂営秘録』にも記されているが、同書はさらに、京橋口定番屋敷の外、長屋隅の下水の前に高さ五尺（約一・五メートル）余りの石があり、これに触ると必ず祟りがあると、恐れられたと記している。

後世への証《あかし》としてその皮を剥《は》いだ。それは今なお戸田家の家宝として伝わっているという。忠囿の体には、かの古狐の立てた爪跡が深く残り、四、五十日間も癒えなかったが、幸い快復し、以後は平穏に暮らしたと伝えられる。

（『金城聞見録』）

化物屋敷

以上の譚から、江戸時代、大坂城に着任した譜代大名・旗本たちの多くが、石垣や堀はおろか、建物までも豊臣大坂城のそれを引き続き使用していると誤解していた様子がよくわかる。もちろん史実としては、豊臣大坂城を地中深くに埋《うず》め、堀も石垣も、言うまでもなく建造物に至るまで全てを新たに築き直したのが徳川大坂城であるから、その事実を知っている昌平坂学問所の林大学頭《はやしだいがくのかみ》などは、稲葉正諶の語る「明けずの間」の譚を聞いて、「今の坂城《はんじょう》（大坂城）は豊臣氏の旧に非ず。（元和《げんな》）偃武《えんぶ》の後に築改《きづきあらため》られぬ。まして廈屋《かおく》（家屋）の類は勿論《もちろん》皆後の物なり」と一笑に付している。それでもこうした怪談が、譜代大名・旗本たちの間で実《まこと》しやかに語り継がれたのは、豊臣秀吉が死の床から五大老・五奉行に必死の思いで託した遺言を、五大老筆頭たる徳川家康があっさりと反故にし、あろうことか秀吉の愛児秀頼を滅ぼして、政権を簒奪《さんだつ》したことに対する後ろめたさが、徳川家の家臣たる彼らの中で共有されていたからではなかろうか。江戸時代の大坂城に巣くった怪物たちの正体は、具体的に示されているもの以外でも、前後の文脈から秀頼・淀殿をはじめとする豊臣家ゆかりの人々の亡霊であると判断されるケースが多い。けれど、そうした亡霊たちの本当の正体とは、譜代大名・旗本たちの心中深くに存在した罪悪感であったと喝破することはそれほど難しいことではない。

今回とりあげた怪談の舞台となった建物は、幕末落城の際に全て焼失し、残念ながら現存はしない。しかし城内には、怪談でこそないが、蓮如上人袈裟がけの松や豊臣秀吉手植えの樟、金明水、竜虎石、千貫櫓など、伝説を今に伝える場所がいくつも点在する。こうした伝承地を巡り歩くのも、また大阪城探訪の一興であろう。

あとがき

本書各章に収めた拙文の初出・原題は次のとおりである。

第一章　豊臣秀吉と大坂城
「なにわの事もゆめの又ゆめ～豊臣秀吉と大坂城～」（月刊『なにわ』五八八～五九九号、二〇〇四年六月～二〇〇五年五月、財団法人大阪府警察職員互助会）

第二章　大坂の陣の諸相
「つれづれ彩時記」（『朝日新聞』大阪本社版二〇一四年十一月二十五日、十二月二十二日、二〇一五年一月二十七日、二月二十四日付夕刊）

第三章　真田幸村と大坂の陣
「真田幸村　最後の奮戦」（『週刊うえだ』二〇一五年六月十三日、七月四日、七月十一日、八月一日、八月八日、八月二十九日、九月十二日付、週刊上田新聞社）

第四章　大坂城の石垣と建造物
「匠の美」（『朝日新聞』別冊「be」二〇一六年二月六日、二月十三日、二月二十日、

二月二十七日、三月五日、三月十二日、三月十九日、三月二十六日付）

第五章　大坂城の怪談

「大阪城の怪談」（月刊『大阪人』五十七巻九号、二〇〇三年九月、財団法人大阪都市協会）

それぞれ連載時には、大阪府警察本部警務部教養課機関誌担当課長補佐（当時、以下同じ）の宮本敏博さん、同課機関紙係係長の甲斐令司さん、朝日新聞編集委員の今井邦彦さん、『週刊うえだ』編集長の小熊幹さん、朝日新聞編集委員の小滝ちひろさん、月刊『大阪人』編集部の水嶋眞弓さんにたいへんお世話になった。あらためて感謝の意を表したい。

さて、私は文部科学省の私立大学学術研究高度化推進事業で関西大学に設置された「なにわ・大阪文化遺産学研究センター」（平成十七年度～二十一年度）、同じく文部科学省の私立大学戦略的研究基盤形成支援事業で関西大学に設置された「大阪都市遺産研究センター」（平成二十二年度～二十六年度）にいずれも研究員として籍を置かせていただき、合せて十年の長きにわたり関西大学にたいへんお世話になった。「なにわ・大阪文化遺産学研究センター」設立時に私にお声をかけてくださったのは、同センターで総括プロジェクトリーダーを務められ、「大阪都市遺産研究センター」ではセンター長の重責を担われた関西大学文学部教授（現、名誉教授）の藪田貫先生である。

研究員として十分にその役割を果たせたとは言い難いが、研究員として籍を置かせていただいたお蔭で、オーストリアのエッゲンベルグ城に伝わる「豊臣期大坂図屏風」の発見という、歴史的な大発見にかかわることができた。「オーストリアで大坂城を描いたと思われる屏風が見つかった」という第一報をくださったのも藪田先生である。この「豊臣期大坂図屏風」の発見は二〇〇六年のことであったが、二〇〇七年から二〇〇九年の三年間かけて、関西大学なにわ・大阪文化遺産学研究センター、大阪城天守閣、そしてエッゲンベルグ城を管轄するオーストリア・シュタイアーマルク州の州立博物館ヨアネウムの三者でこの屏風について共同研究を行った。二〇〇八年八月にはエッゲンベルグ城のあるオーストリア第二の都市グラーツに赴き、エッゲンベルグ城内で壁にはめ込まれた屏風絵を調査し、グラーツ市街のクンスト・ハウス（芸術会館）で開催された国際シンポジウムにおいて研究報告もさせていただいた。

この「豊臣期大坂図屏風」の調査・研究については、藪田先生とともに、当時「なにわ・大阪文化遺産学研究センター」のセンター長を務めておられた関西大学文学部教授（現、名誉教授）の高橋隆博先生にもたいへんお世話になった。

こうした「豊臣大坂図屏風」の調査・研究の過程で、州立博物館ヨアネウム側から、三年間の共同研究が終了したのちも、末永く大阪城天守閣と交流を続けたいという申し入れがあり、大阪城天守閣は海外の城としては初めてエッゲンベルグ城と友好城郭提携を締結することとなった。

調印式は二〇〇九年十月二日に大阪城西の丸庭園の迎賓館で行われ、立会人としてオーストリアのハインツ・フィッシャー大統領ご夫妻にもご臨席いただき、ラインホルト・ミッターレーナー経済・家族・青少年担当大臣をはじめ、オーストリアの政府高官七十余名が大阪城にお越しになり、大阪城の歴史に残る一大イベントとなった。これもまた、関西大学なにわ・大阪文化遺産学研究センターに私が籍を置かせていただいたお蔭である。

「なにわ・大阪文化遺産学研究センター」は翌年三月末で幕を閉じたが、その最後の会合の際に、関西大学学術情報事務局次長（出版・博物館担当）の熊博毅さんから、「関西大学出版部から北川さんの本を出したいと思うのですが、いかがですか」とお声がけいただいた。ちょうど大阪城の歴史をわかりやすくまとめたいと思っていたところだったので、「ありがとうございます」とすぐに快諾し、本書第一章に収録した月刊『なにわ』掲載の「なにわの事もゆめの又ゆめ～豊臣秀吉と大坂城～」に豊臣秀頼の時代、江戸時代、幕末・維新期、近代・現代のことを書き加えて一書にしたいと提案し、熊さんから「それでいきましょう」と了解を得た。

ところが、二〇一一年が大阪城天守閣復興八十周年にあたることから「大阪城天守閣復興八十周年記念プロジェクト」が立ち上がり、さまざまな事業を展開することになった。それが終わったら、今度は二〇一四年が大坂冬の陣から四〇〇年、二〇一五年が大坂夏の陣から四〇〇年にあたることから、大阪府・市はもとより府域の関係市町や多くの公益法人、また関西の財界三団体や在阪の新聞社・テレビ局・ラジオ局、鉄道事業者らが一体となって「大坂の陣四〇〇年プロジェクト」が立ち上がり、私はその旗振り役を務めることとなった。さらには二〇一五年にNHK大河ドラマ「真田丸」の放映が決まったことから大河ドラマ「真田丸」大阪推進協議会が設立されることになり、ここでも同様に私は旗振り役を務めることとなった。

満足に睡眠時間もとれないほど多忙な日々が続き、毎日毎日の仕事に追われ続けているうちに、あっという間に五年の月日が流れていた。

昨年秋に熊さんからメールをいただき、本年三月末で熊さんが定年退職を迎えられることを知った。五年もの間、辛抱強く待ち続けてくださった心優しい熊さんの恩に報いるためにも何とかせねばと思ったものの、大河ドラマ「真田丸」の放映を間近に控え、さらに忙しさが増しており、とても当初約束した「なにわの事もゆめの又ゆめ~豊臣秀吉と大坂城~」への加筆はできそうもなかった。せめて内容だけでも当初約束したものに近づけることはできないかと考えたのが、近年新聞紙上などに連載した拙文を加えて一書とする案で、本書のプランを熊さんに伝えたところ、ご快諾いただき、本書が完成した。

刊行にあたっては、熊さんのほか、関西大学出版部の門脇卓也さんにもたいへんお世話になった。この本をたくさんの方々が手にとってくだされば、私にとっては、長年ひたすら待ち続けてくださった熊さんと関西大学出版部に対し、せめてもの罪滅ぼしになる。そうなることを切に願いたい。

なお、本書収載の拙文を執筆するにあたっては、多くの文献を参考とさせていただいたが、雑誌・新聞への連載という体裁から、残念ながら一々書名を挙げることができなかった。著者の方々にはこの場を借りて、ご寛恕を乞いたい。

最後になったが、関西大学の専任教員でもなく、卒業生でもない私に、とても親切に接してくださり、何かとお世話もいただいた関西大学の「なにわ・大阪文化遺産学研究センター」「大阪都市遺産研究センター」関係者の皆様に深く感謝の意を表したい。ほんとうにありがとうございました。

北川　央

◆執筆者紹介

北川　央（きたがわ　ひろし）

1961年大阪府生まれ。神戸大学大学院文学研究科修了。1987年に大阪城天守閣学芸員となり、主任学芸員・研究主幹などを経て、2014年より館長。この間、東京国立文化財研究所・国際日本文化研究センター・国立歴史民俗博物館・国立劇場・神戸大学・関西大学など、多くの大学・博物館・研究機関で委員・研究員・講師を歴任。織豊期政治史ならびに近世庶民信仰史、大阪地域史専攻。著書に『大坂城と大坂の陣』（新風書房）、『大阪城ふしぎ発見ウォーク』（フォーラム・A）、『神と旅する太夫さん』（岩田書院）、『おおさか図像学』（東方出版、編著）、『大和川付替えと流域環境の変遷』（古今書院、共編著）、『肖像画を読む』（角川書店、共著）、『シリーズ近世の身分的周縁2　芸能・文化の世界』（吉川弘文館、共著）、『戦国の女性たち』（河出書房新社、共著）、『漂泊の芸能者』（岩田書院、共著）、『大坂・近畿の城と町』（和泉書院、共著）、『近世民衆宗教と旅』（法蔵館、共著）、『浅井三姉妹の真実』（新人物往来社、共著）、『秀吉の虚像と実像』（笠間書院、共著）など多数。

なにわの事もゆめの又ゆめ
——大坂城・豊臣秀吉・大坂の陣・真田幸村——

2016年11月1日　発行

著　者　北川　央

発行所　関西大学出版部
〒564-8680　大阪府吹田市山手町3-3-35
TEL 06-6368-1121　FAX 06-6389-5162

印刷所　株式会社　遊　文　舎
〒532-0012　大阪市淀川区木川東4-17-31

ISBN978-4-87354-643-8 C3021　